母乳を捨てるフランス人 ヘソの緒に無関心なアメリカ人

著・マンガ／江藤亜由美

雷鳥社
RAICHOSHA

はじめに

出産は、女性にとって人生最大のイベント。「お国違えど、出産それ自体はどこもさほど変わらないだろう」と思っていました。でも、どうも国によって事情がなんだか違うようで……。

その国独自の文化や考え方が色濃く反映されていたりして、取材を終えた今の心境は「どこの国でも同じじゃなかった！」です。

海外で出産を考えている人はもちろん、日本で初めての出産をひかえ、不安に思っている方にも、安心し笑顔になってもらえたら、と思って書きました。ぶっちゃけ、海外はこんなんでも（！）大丈夫。ちゃんとみんなスクスク育っています。

執筆にあたり、一六名の日本人女性に貴重な『サバイバル』（？）体験を取材させてもらいました。この本を読めば、あなたも大丈夫！ってきっと思えると思います。

取材協力をしてくださった方々はじめ、著者も医療関係者ではありません。ですから本書を読んで、もっと詳細を知りたいと思ったら、専門機関や現地で調べることをオススメします。保険や日本の出産育児一時金に関しては、各人の状況によって変わる場合があります。

あくまで、その国で経験した出産の、一つの参考例として読んでいただければと思います。

専門的なことや小難しいことはさておき、海外で待ち受けていたオーマイガッドな展開をドタバタと乗り越えたサバイバー達の実録ストーリーの結集。

これを読めば海外出産も怖くなくなるかも……しれません。

※分かりやすく一ドルは一〇〇円換算です。
※マンガにちょくちょく出てくる、この人は著者です。
※登場人物の名前は仮名です（一部を除く）。

今回登場する国々を世界地図に
まとめてみました。

アメリカ(P.205)
無痛分娩メインのアメリカ。
しかし、自然分娩をお願いする日本人多し
ブラジル(P.138)
まだまだ格差社会が残る国。
産院選びは慎重に……

韓国 (P.036)
産後ママは一ヶ月かけて、徹底的にケアをします。でもちょっと息苦しい??
中国 (P.054)
二人目を出産すると課税対象に？意外にキビシかった一人っ子政策
日本【番外編】
外国人の夫の行動にイラッとしたら……もしかしたらそれは思いやりかもしれません
デンマーク (P.184)
ゆりかご～墓場まで国が保障してくれる高福祉国家。ですが……
フランス (P.118)
おっぱいの形が崩れるから母乳捨てるってあり？？
台湾 (P.094)
辰年ベビーの病院の予約はお早めに！
スリランカ (P.010)
帝王切開メイン。切られたくない場合、しつこくお願いしましょう
シンガポール (P.074)
支払いは NETS のご用意を忘れずに！
オーストラリア (P.162)
日本人は多いけど、日本語の通じる産院はあまりない

年間出生率 TOP 5

毎日、世界のどこかでこんにちは〜
出生数TOP5を見てみましょう。

1位

さすが!

インド
2579万4000人

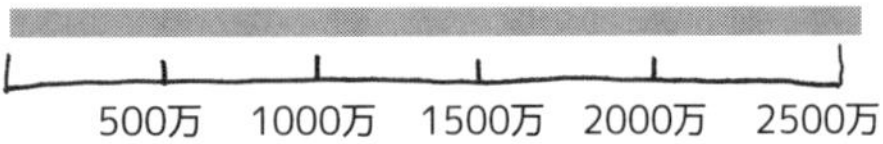

2位

やっぱり

中国
1660万1000人

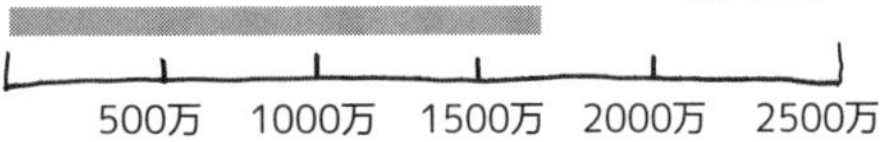

3位

なるほど!

ナイジェリア
713万3000人

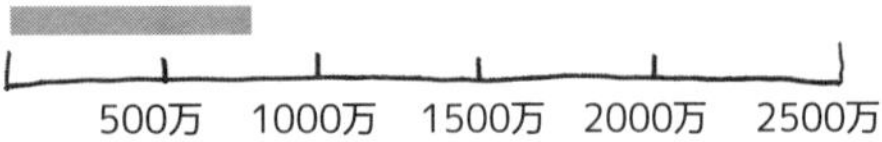

4位

意外にも

パキスタン
545万1000人

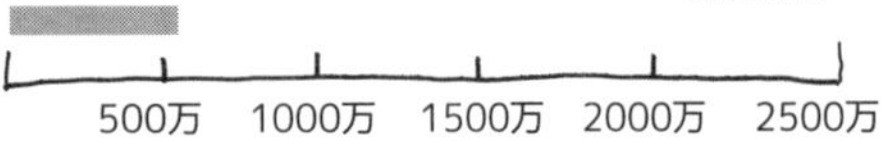

5位

わかる
わかる

インドネシア
503万7000人

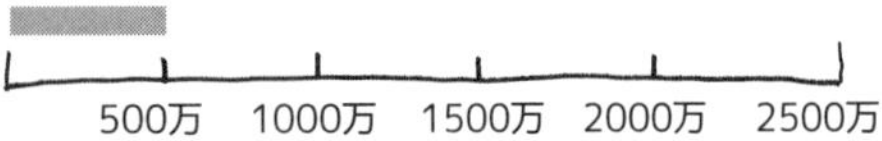

以下6位アメリカ、7位コンゴ民主共和国、8位エチオピア、9位バングラデシュ、10位ブラジルとなります。

27位

そうだったんだ!

気になる日本は……
世界の中で27位、103万3000人です。

出典：unicef『世界子供白書2016』基本統計より

アジア編

まずは近隣諸国の
出産事情を
見てみましょう
手厚い産後ケアが
特徴です

スリランカ

コロンボ市

Country Data

正式名称：スリランカ民主社会主義共和国
Democratic Socialist Republic of Sri Lanka
人口：約 2,103 万人
面積：6 万 5,607km²（北海道の約 0.8 倍）
首都：スリ・ジャヤワルダナプラ・コッテ
言語：公用語（シンハラ語，タミル語），連結語（英語）
宗教：仏教徒（70.1%）、ヒンドゥ教徒（12.6%）、イスラム教徒（9.7%）、キリスト教徒（7.6%）（一部地域を除く値）
通貨：ルピー (LKR)

出典：外務省　国・地域基礎データ

朱美さん一家

パパ（イギリス国籍）
ブライアンさん

ママ
朱美さん

長男
ケントくん
2008年　日本生まれ
3800g／自然分娩
ママの年齢 ● 34歳

次男
ジョージくん
2012年　スリランカ生まれ
3500g／自然分娩
出産した病院：スリランカのコロンボにある私立病院
保険会社：自費出産
ママの年齢 ● 39歳

この国で出産することになった いきさつや、夫婦のなれそめなど

イギリスの大学院で出会った二人。当時はクラスメイトだった。最初のオリエンテーション終了後、朱美さんに初めて話かけた人物が、後に結婚することになるブライアンさん。朱美さんによる第一印象は「おぉ！　これが、イギリス英語かぁ」だったそう。ブライアンさんの仕事の都合でスリランカにて次男ジョージくんを出産。長男ケントくんは日本生まれ。

スリランカから
アユボワン！
（こんにちは）
日本で長男を出産後
スリランカのコロンボで次男を出産した朱美です
スリランカといえばサリー
ゴージャスよねー
スリランカは仏教 ヒンドゥ教 イスラム教 キリスト教など複数の宗教が混在する国ですが
人口の約半数以上が仏教徒というお国柄——
ガネーシャなんかもいたりして
その仏教徒達の教えの中に
他人に善行を施すと自分にも返ってくる
というのがありこの教えはスリランカ人達の日常にしっかりと根付いています
その善行を施す相手が妊婦さんの場合——
お腹の赤ちゃんもカウントされるため二人分の徳を積める！まさにダブル徳ポイントゲットの大チャンス！
1人
2人
だからみんながこぞって優しくしてくれるんです
周囲の人達が親切過ぎて
ゴくらく ゴくらく
みーんな天使に見えちゃう

たとえば
超コワモテの
オッサンでも
ドドーン
あら
どーも
ありがと♡
ちゃーんと
止まってくれる♡
ゆっくりね
徳を
二ポイント
ゲット♡
いつもは我先にいくタイプ
さらに
社内のデスクには
毎朝――
だぁ
トロピカル
フルーツてんこもり
&お菓子
マンゴーを
カットして
あげたから
マンゴスチン
毎日毎日
同僚達からの
お供え物を
自宅に持って
帰る日々だった
そうです…
持って
帰らなかったり
誰かに
あげてしまうと
くれた人への
徳の恩返し効果が
なくなってしまうと
現地では
信じられているから
だそう
わしも
ダブル徳
ポイント
欲しい
わたしゃ
神様か…
下心見え見え
見返り期待の山
マンゴーの山
おまんじゅう
パパイヤ
チョコ
上司
えーと…

さて
そんな
スリランカには
大きく分けて
二種類の
病院が
あります
庶民の味方
国立病院
ちょいと
お高め
私立病院
当然ながら
国立病院の方が
リーズナブルまたは
無料なので人気も高い
というワケで
一般的に
スリランカ人が
主に利用するのは
国立病院
なのですが…
zzz
その国立病院に
外国人が
行こうもんなら
んまあ
えーーッ
キッ
マジか
こわい
無言の
集中攻撃を
受けるハメに
なるので
ご用心を
お金を持っている
（と現地の人達から
思われている）
外国人が
タダ同然で
国立病院の
治療を受ける
イコール
＝
「私達
スリランカ人が
払っている
税金を勝手に
使わないでよ！」
ということになる
らしい
いえいえ
わたしは
ボンビーな
外国人
なので
お金
ないっすー
なーんて言い訳しても
おそらく通用しません

さらに
スリランカのお産は
帝王切開が
圧倒的に多い！
知ってた？
理由は
自然分娩
無痛分娩
ともに
保険が
適用されない
から
なのですが
保険適用不可なもの
自然分娩
無痛分娩
なーんと！
帝王切開に
限り手術と
みなされ
保険適用と
なるんです
みなさん
ちゃんと
聞いてますか〜？
保険適用可能なもの
帝王切開
OK!
帝王切開が
主流の
スリランカでは
自然分娩を
希望しても
勝手に
切られてしまう
ケースまで
あるとかないとか…
キラーン…
ですから
どうしても
自然分娩を
希望する
時は
しつこく
しつこく
主張して
ください
断固!
自然分娩派
絶対切らないで!
というワケで
現地の知り合いから
あなたの
出産
予定日は
いつ？
と聞かれ——
えーとね…
自然分娩
だから
まだ
分からない
のよ〜
などと
答えようものなら——
ん！…
んまぁ！
自腹出産？
いいわねぇ
あなたは
お金持ち
で…
朱美さんは
日本の出産
育児一時金を
申請したため
全て自腹での
出産では
なかった
そうです
という
不思議な答えが
返ってくることも
あります

育児はなんと内戦中の海外で。妊婦から"徳"のダブルポイントゲット

祝★出産

戦時中に子育て？　太平洋戦争からの帰還者じゃないですよ

「スリランカの大都市コロンボに住み始めた時は、ちょうど内戦中でね。物資も少なくて大変だったんですよ」

「戦争中の国で子育てされてたんですか？」

「もうびっくりです。紙オムツやミルクもそうですが、基本的に物資が不足していて。電気は届いてましたが、いつ配電がストップされるか分からない戦況下でしょ。例えば、冷蔵庫の電源が切れたらアイスも溶けちゃいますから誰も怖くて買えません。一応、日本の食材店もあって、現地に住む日本人の

おじさんが納豆を作って売っていました。ですから買いだめして冷凍保存にしてましたね。やっと内戦が終わった時、店頭に並んでいるハーゲンダッツや骨抜きチキンを見て『あぁ、本当に戦争が終わったんだ。良かったなぁ』と、思わず感動しちゃいました」

しみじみと回想する目の前の日本人女性、太平洋戦争からの生還者ではございません。時は二〇〇八年、場所はスリランカ。シンハラ人VSタミール人の間での内戦に揺れる国で、出産を体験した朱美さんです。

次男の出産時はやっと四歳になる長男を抱え、しかも終戦後の異国の地という不便さ。これぞまさしく日本人女性の鏡、たくましきサバイバーである。

「ところどころ休戦していたみたいですが、期間にして、およそ四半世紀近くでしょうか。スリランカではずっと内戦状態が続いていたんですよ。マジョリティ（メインの人種）はシンハラ人ですがタミール人と、しょっちゅうあちこちでぶつかっていましたね」

平和の国、日本にいては、ちょっと想像できない世界である。

ちなみに二〇〇九年になって、ようやくこの内戦は終結した。二六年間で約七万人の犠牲者を出した大規模な民族間抗争である。

終戦の前年に長男ケント君を身ごもっていた朱美さんは「さすがに戦況下での出産は有り得ないでしょ」とスリランカを脱出。日本での里帰り出産を選択した。だが、次男ジョージ君の時は戦争終結後だったことやケント君の生活サイクルを崩したくなかったこともあり、スリランカで出産することに。ダンナさんのご両親もイギリスから応援に駆けつけてくれたり、メイドさんがいたこともスリランカでの出産を決心する決め手となった。

意外にお安く済んだ出産費用。理由やいかに…？

朱美さんのご主人、ブライアンさんはイギリス人。国際的な人道支援機関で働いている。

ブライアンさんは海外保険に入っていたが、出産費用の支払いに関して、この保険は一切使わなかったという。

自費で支払った後、日本の出産育児一時金が降り、結果的にスリランカでの出産はかなりお安く済んでしまった。ちなみに、この自費での支払い額は約十万円だったというから、なんともリーズナブル！

だが、この出産費用の安さには、ちょっとしたカラクリが……。

決して朱美さんの出産が自然分娩だったからとか、入院が一泊で済んだからとか、そういう理由ではなく、もっと「え〜！」な理由からである。

朱美さんが出産したのはスリランカの大都市、コロンボにある私立病院で、担当医は検診の時からお世話になっていたスルヤ先生だった。

夜に陣痛が始まり、スルヤ先生に診てもらったところ「まだまだですねぇ」と言われ、一旦、病院のベッドで待機させてもらうことになった。

さて朝になり、いよいよ「来たかも！」と感じた朱美さんは早速、当直医と看護師を呼んだ。ところがである。当直医達は揃って「ウェイト！」と言う。

「はい？」

「だからウェイト！（ちょっと待て！）」

「いやいや、もう出ちゃうんですけど、あのスルヤ先生は？」

「とにかくウェイト！」

「だからスルヤ先生を呼んでくださいよ。てゆうかウェイトとか言われても、そろそろ無理……」

「ウェイト〜！」

「だから限界！」

「それでもウェイト！」

というワケで、自然分娩を希望していた朱美さんがイキもうとする度に当直医達から「ちょっと待て！」の声がかかる。

既に長男を出産した経験のある朱美さん、「この状況でイキませてくれないって、どう思います？」と憤慨するのも無理のない話である。

ワケの分からない攻防の末、段々陣痛が激しさを増し、「こりゃ、もう本気でアカン！」と再度イキもうとしたところ「今、駐車場まで来ているからウェイト！」と不思議な言葉が返ってきた。

来てるって何が……？　と思う間もなく、朱美さんは自らの判断で大きくイキみ、無事にジョージくんを出産した。時計の針は午前一〇時ちょっと前。ホッと安堵の表情を浮かべる朱美さんとブライアンさんの目の前で、ジョージくんは元気な産声をあげ始めた。あぁ、良かった。めでたしめでたしである。

そんなめでたい空気の中、ちょっと複雑な表情を浮かべていたのは当直医と看護師である。流れとはいえ、ジョージくんを取り上げてしまったのだから（という言い方もどうかと思うが）。

どうやらこの朝、肝心のスルヤ先生は「出産はまだだな」と判断し、なんとちゃっかり自宅に戻ってしまっていた。

てっきり建物内にいて待機してくれているものとばかりに信じ切っていた朱美さん夫妻は、その事実を後で知り、唖然……。

以前、スリランカで出産した友人に「まず出産する病院に担当医が来ているかどうか、必ず確認すること」と強く念を押されたのを思い出した。

「たしかにいるにはいましたが、その後、まさか帰っていたなんてショックですよ。きっと『当直医がいるからいいや』と油断したのではないでしょうか」

しかも必死で出てこようとしている赤ちゃんを前に、当直医達まで必死になって「赤ちゃんは担当医の到着まで、まだ出すな」と言う。日本じゃ考えられないセリフである。

この「まだ出すな」という言葉の裏に、実は当直医達の算段があったのだ。これが朱美さんの出産費用の安さに直結してくる。

担当医不在の中、お産するとなると取り上げるのは、当然この当直医と看護師である。だが、この人達は『通常勤務中の身』なので、分娩のような大きな仕事に立ち会おうと、ただプラプラ巡回していようと、彼らの給料にはなんら反映されない。そのため『担当医がすぐそこまで来ているから、もう少しだけ待ってくれ』という本音が出てしまったワケである。

今回、朱美さんの分娩のために、既にスルヤ先生が駐車場まで来ていた。だが、このスルヤ先生の代わりに当直医達が赤ちゃんを取り上げてしまった。その結果、スルヤ先生が朱美さんに請求できるハズの分娩費用が請求できなくなってしまったのだ。分娩のために病院まで来てくれたスルヤ先生だが、分娩しなければ仕事をしなかったのと同じことになるワケで、来るだけ損だった、ということになってしまった。

という理由から当直医達は「まだ出すな」と言い続け、朱美さん達への請求金額も大幅ダウンとなったのだ。支払いの時、スルヤ先生がジョージくんを取り上げていたら、もっと高額な請求になっていたという事実を知り、今回の裏事情が判明した。

要するにスルヤ先生の出産介助による加算請求がなかった分、当直医達の通常シフト勤務内の月給でまかなわれてしまったというワケだ。

今回の出産では、スリランカ人お得意の「What to do?」という言葉が飛び交った。この「What to do?」、スリランカ人なら何かにつけてつぶやく言葉だそうだが、意味は「しょうがないね」「さあて、どうしよっか」となる。

もう赤ちゃんが生まれるという段階で、なぜか必死になって止める当直医達に対し、たまらずシンハラ語で「もう待てない！」と怒鳴ったという朱美さん。その声に一瞬、室内は静まり返り、どこからともなく「What to do?」というつぶやき声が……。

それを耳にした朱美さんは「よし！　オーケーをもらったぞ！」と勝手に解釈し、一気にイキむことにした。その後、ブライアンさんがヘソの緒を切り、ホッとした頃になって、やっとスルヤ先生が現れたのだ。

曜日ごとに場所が違う？　スリランカの検診事情

さて話は前後するが、出産前の検診について少し触れておきたい。

朱美さんの検診を担当していたのは、出産に間に合わなかったスルヤ先生だった。日々違う病院で診察をしていたため、朱美さん夫妻もスルヤ先生を追いかけて、毎度検診の度に違う病院を訪れていた。スリランカでは、このようなケースは珍しくないという。ところが全ての病院に同じような設備が

完備されているワケではなく、

「『月曜に行く病院は近くていいけど、体重計が壊れてますから、体重を測るなら水曜の病院で』とか、その水曜の病院はドクターの部屋にエコー設備もあったので『ついでにエコーも水曜ね』と言われました。さらに他の曜日に別の病院でエコー検査をする場合、かなり遠いエコー室まで歩いていかなければならなかったりと、随分日本とは勝手が違うんだなぁと驚きましたね」

最終的にはドクターから「水曜日の病院が一番手っ取り早いから、これからの検診は水曜日にしましょうか」と提案されたのだとか。

検診日を設備の充実度で決めるあたり、いかがなものか。日本にはない成り行き任せ感満載である。

では、その体重計もエコーも完備している『水曜日の病院』が近代的かといえば、決してそうでもなかった。

「一言で言っちゃうと、病院の廊下で猫が昼寝しているような、風情のある建物でしたね。植民地時代からの建造物で、良く言えば古き良き時代の面影を残している佇まい。まあ、そういう年代物の建物がスリランカでは今もまだ多く残されていて、現役で活躍しているということでしょうか」

朱美さん夫妻はまだ幼いケントくんを連れて、この古き良き風情溢れる検診所に通っていたが、このような場所で出産する人もいれば、朱美さん夫妻のように「検診は風情溢れる建物内で。でも出産自体は設備の整った総合病院で」というケースも多い。

後者の場合、今まで検診を担当していたドクターを、その病院に呼ぶことができる。慣れたドクターに立ち会ってもらえるので、安心といえば安心である。

検診は基本的に月一回だったが、朱美さんは自主的に日本っぽいスケジュールを立て、月一回よりはもう少し多めに『水曜日の検診用病院』に通院していた。エコーは、ほぼ毎回見せてもらえたという。

外国での子育て

　さて朱美さん一家はスリランカの大都市コロンボに六年ほど住んだ後、田舎村のヌワラエリアへと移り住んだ。終戦三年後のことである。

「茶畑のど真ん中に新生児を抱えて住んでしまった」と笑う朱美さん。ジョージくんが誕生して二ヶ月が経っていた。

　当然のことながら
「外国人は村に三人ぐらいしかいませんでしたし、日本人はわたしと青年協力隊の人、二人きりでしたね」

という、これまたなかなかのサバイブっぷりである。

「コロンボの私立病院まで行くのに六時間もかかるんですよ。クネクネした道をひたすら下って行くんです」

　コロンボよりもはるかに高い場所にあるヌワラエリアは、暑かったコロンボに比べて、朝晩の冷え込みが激しかった。村民の足は、バスではなくトゥクトゥク。これは別名スリーウィーラーと呼ばれる、エンジン付きの三輪車のことで、乗り合いタクシーのようなものである。

のどかな茶畑が広がる村だが、他のスリランカの街同様、就学率は悪くはなかったようだ。

「スリランカは地域差はあるにせよ、男女ともに就学率はわりと高い国なんです。それぞれの村にもちゃんと学校があり、村の子供達はトゥクトゥクに鈴なりになって登校してましたよ。ただヌワラエリアでは、例えば一着しかユニフォームを買えないような家の子は『今日はユニフォームが乾いてないから学校へは行かない』と、平気でお休みする子もいましたけど。雨が多いエリアだから、一度洗濯するとなかなか乾かないんです」

平日の午前中からプラプラしている子供を見ても、村の大人達は怒るどころか、「あらそうなの」と大して気にも留めなかったらしい。

そんなのどかな村、ヌワラエリアには三軒ほどスーパーがあった。内戦が終わったとはいえ、物流が悪く、品物は限られていた。足りない品物は「来週の月曜日あたりに届くと思うよ」というノンキさで、他のスーパーを回っても欲しいものが手に入らないことも多かった。

子供用ミルクは中国産の商品が出回っていたが、母乳で育てていた朱美さんはミルクを買わずに済んだという。さらに紙オムツもあるにはあったが台湾製などで質が悪く、子供のお尻がかぶれて大変だったとか。

日本に帰国した時の紙オムツの爆買いは必須だったそう。

子供は国の宝。レストランの店員まで子供をあやしてくれる国

ある日、朱美さん一家がコロンボのレストランにいた時のことである。

「まだ乳飲み子だった頃、レストランでボーイさんがいきなり、うちの子供を連れてっちゃったんですよ」

「誘拐ですか?」

「って思いますよね。そうじゃなくて、わたしたち夫婦がゆっくり食事ができ

るようにって、子供をあやしてくれていたんです。しばらくして、そのボーイさんが別のお客さんの注文を取りに行ったんです。さっきまで彼が抱っこしていた、うちの子がいないので、『あれ？』と思って見回してみたら、今度は厨房のおじさんが、うちの子を片手に抱きニッコリ笑って手を振ってくれていたり。子供を抱っこしたまま、注文を取るのはさすがに大変なので、厨房のおじさんが代わってくれたんでしょうね。その厨房が忙しくなったのでしょうか。今度は駐車場のセキュリティのおじさんがあやしてくれていたり……。きっと国民性だと思うんですけど、スリランカは国をあげて人に優しいので、子育てしやすいと感じました」

なんと微笑ましい光景なのだろう。まあ、日本でコレをやったら誘拐だと大騒ぎになりそうだが……。

「そうなんです。中には『自分の子供を勝手に連れ回して』と嫌がる親もいるようですが、わたしはとても微笑ましいと感じました。逆に日本ではレストランで子供が騒ぐと『静かにしなさい！』と怒られますが、実は日本のそんな風潮に、未だに慣れない自分がいるんですよ」

妊婦に席を譲らない日本人にも驚きを隠せないという。

「子供は国の宝という考え方が強いのか、地域のみんなで育てていこうという意識があり、とても育てやすかった。外国人に厳しいということもなく、基本的にスリランカ人は他人に優しく、あたたかい人達が多いなぁと。もしかしたら日本より育てやすい環境だったのかも」

さらに朱美さんが慣れない日本のシステムに『乳児のプール』がある。

「スリランカではわりとたくさんの習い事をさせていたのですが、プールもその一つ。子供達は水泳用オムツをして楽しく泳ぎまわっていたのですが、日本ではオムツをした乳児が入れるプールがないいんじゃないでしょうか。小さいうちから子供を水に慣れさせるというのは大切なことだと思うんですが……。海外でそんな話をしていた時に『だから日本にはスゴイと言われる水泳選手が少ないんじゃないのかな』と、そんな指摘を受けました。スリランカは暑いのでプール付きのマンションやホテルが多く、うちの子は五ヶ月目ぐらいから既に泳いでいたから、泳ぐの大好きなんですよ。なのに、日本では泳げるプールがなくて可哀想。『オムツをしている子にも泳ぐ権利を！』と声を大にして主張したいですね」

たしかにオムツをした子がプールで泳ぐ姿はあまり見かけない。水泳用オムツが漏れない設計になっているのなら、泳がせても良さそうなものだが、それ以前に水泳用オムツ自体、あまり出回っていないような気がする。

次男が生後初めてしゃべった言葉は、なんとシンハラ語

プールをはじめ、サッカーやペイントなど、様々な習い事を楽しんでいた兄弟だが、幼稚園では英語はもちろん、教えなくともシンハラ語まで理解するようになっていたというから、子供の言語能力は果てしなくスバラシイ。

「次男は生後一年ちょっとでフィリピンに移り住んだので、スリランカの幼稚園は長男しか通ってないんですよ。その幼稚園は先生もたくさんいて、とて

も目が行き届いていたので安心でした。ちなみに長男は、その短い期間で英語とシンハラ語の違いが分かるようになったみたい。スリランカで共通語の英語をはじめ、シンハラ語でのクラスもありましたから。そんな長男とは違い、生まれたばかりの次男は、スリランカ滞在中はまだ言葉を話せなかったのですが、フィリピンに移り、やっと発した言葉が『アンマ』だったんですよ」

はて、アンマとはいったい……。

「シンハラ語で『ママ』という意味です。スリランカではまだ言葉を話せなかったけど、きっと耳で聞いて記憶に残っていたんじゃないかな。まだ首も座ってないような時期だったのにスゴイなぁと。まあ、母を呼ぶ言葉がいきなりシンハラ語かと、ちょっと複雑な気分にはなりましたけどね」

現在日本にいる二人のお子さん達はバイリンガルだ。

長男はスリランカの国歌をまだ歌えるそうで、シンハラ語のフレーズもなんとなく覚えている様子。ちなみに家族の共通語は英語だが、今後また日本を離れるとも限らないので、今は日本語を完全にマスターさせるべく、力を注いでいるのだとか。

住み比べてみると良く分かる。物資はなくとも心温かい国は住みやすい

さて長男のケントくん、実は何を食べるのにも「コレ辛い？」と必ず聞いてくるのだそう。ほぼ全てがカレー味だったスリランカの食事は、やはり子供には少し刺激が強過ぎたようで、「そんなに辛くないよ」と朱美さんが言ったところで、「ホントかなぁ」と最後まで疑う姿勢を崩さない。

「特に黄色い食べ物は一度舐めて、辛くないのを確かめる癖が付いちゃって」

スリランカには、オクラカレーなどの辛さ控えめのカレーもあるのだが

「やはり子供には辛いようで離乳食には困っちゃいましたね。特に戦時中の物資が少ない時代は、食材や菓子パン類、離乳食の素材となるおかずなども含め、カレー味が多かったので」

って、さすがはカレー王国である。次男の時は戦争も終わり、子供用ミルク

やカレー風味以外の離乳食も店頭に並び始めたのだそうだ。

「戦争終結前後だったこともあり、物資の不足していた時代の話になってしまいましたが、現在のスリランカは『観光客よ、ウェルカム！』な雰囲気で、様々な設備が整備され、だいぶ住みやすくなってきたと聞きます。コロンボには和食屋や回転寿司、アメリカのファーストフード店なんかもあります。日本人街はないけれど日本人会はあります。この後、フィリピンに引っ越しましたが、リトル東京もあり、日本人が多いと感じました。様々な日用品も豊富で便利でしたね。モルディブで暮らしていた経験もありますが、色々と住み比べてみると、やはりスリランカでの生活は良かった。日本人の数も少なく、物資も豊かではありませんでしたが、心温かい国だったなあと」

ケントくんとジョージくんは共に現在、日本とイギリス、二つの国籍を持っている。そんな二人が将来、ご両親のように世界中を飛び回っている姿が目に浮かぶ。その時は二人ともきっと頼もしい国際人になっていることだろう。また、その頃にはケントくんもカレーを克服しているに違いない。

韓国

ソウル市

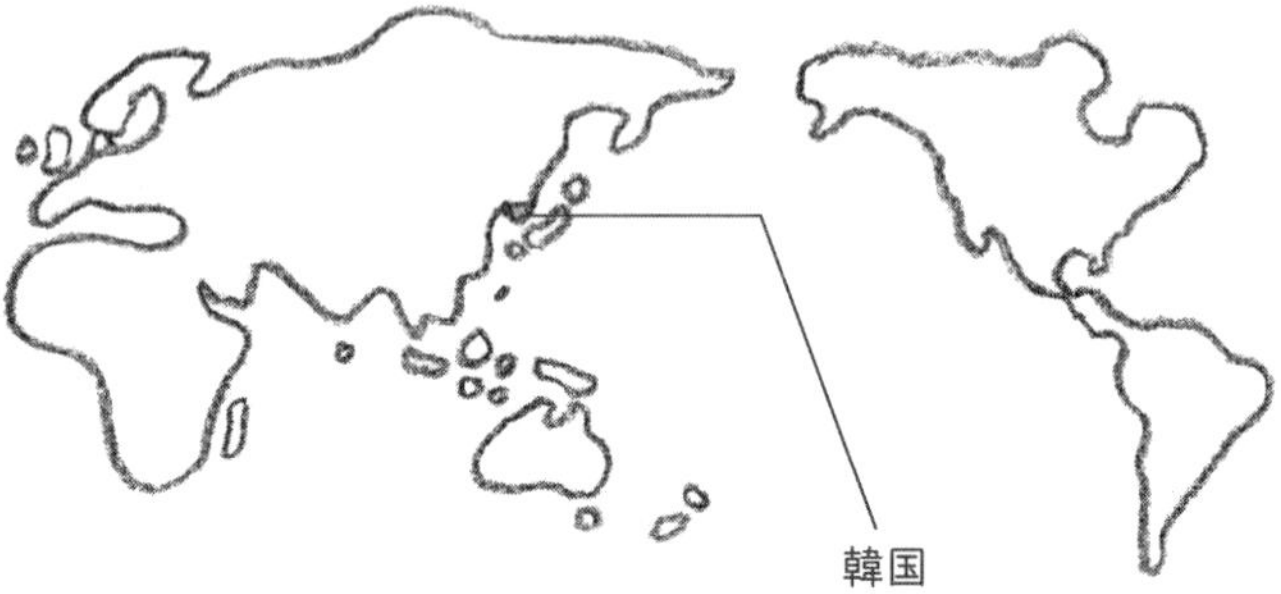

Country Data

正式名称：大韓民国
Republic of Korea
人口：約 5,150 万人
面積：約 10 万 km^2（朝鮮半島全体の 45%、日本の約 4 分の 1）
首都：ソウル
言語：韓国語
宗教：宗教人口比率 53.1%（うち仏教：42.9%，プロテスタント：34.5%，カトリック：20.6%，その他：2.0%）
通貨：大韓民国ウォン（KRW）

出典：外務省　国・地域基礎データ

ユミオンマさん一家

パパ（カナダ国籍）
ユミアッパさん

ママ
ユミオンマさん

長女
ユミちゃん
2000年　大韓民国生まれ
3900g／帝王切開
出産した病院 ● 韓国のソウル市内にある総合病院
保険会社 ● 国民健康保険＋自費
ママの年齢 ● 28歳

この国で出産することになった いきさつや、夫婦のなれそめなど

カナダで知り合い、その後韓国系企業に勤めたダンナさんが、2～3年の予定で韓国へ。その間に結婚し、ユミオンマさんの韓国での生活がスタートした。妊娠してからは、特に「日本で里帰り出産をしなくては」という考えもなかったため、韓国で出産することに。2000年、帝王切開にて無事女の子が誕生した。

韓国からアニョハセヨ！
どうも！ユミオンマです
産後の肥立ちが大事と言われる韓国では禁止事項がてんこもり
なんかスゴそう…
其の一 ハミガキ禁止！
母体から大量のカルシウムが奪われているため歯や歯グキを刺激しちゃダメ！ということで
NG!
産後しばらくはハミガキの替わりに
ガーグリン
うがい薬ね
ママのカルシウムバッチリいただきました
其の二 とりあえずシャンプー禁止！
昔から産後の洗髪は頭痛や通風の元！と言われ産後一ケ月（！）シャンプーをしないというツワモノなんかもいたりして…
NG
リンス
シャンプー
プ〜ンッ
いっぱい汗かいたけど仕方ないですよね
でもそろそろ洗いたい…
シャンプーおくれ…
まだまだございます

ついでに
其の三
シャワーも禁止！
おふろはダメ！というならわかるけどシャワーもダメだそう
二〜三日の間ね
其の四
毎食後に韓方！※
ココからは禁止事項ではなく絶対やりましょう的コーナーってことで
カボチャと鯛の組み合わせは産後のムクミ解消のマストアイテム韓方にしたモノをいただきます
一日三回 一ヶ月間 続けましょう
ズズー
漢方じゃないんですね
※韓方とは…中国由来の漢方を韓国で独自に研究・開発したもの
其の五
何がなくともワカメスープ
おひとつどーぞ
産後の悪血を排出すると言われているワカメスープは産後ケアのマストアイテムなんですよ
まずは朝から一杯
いただきまーす
ランチタイムのお供に――
またですかい
もちろんディナーにも♡
げ
ノルマ
一日三食 一ヶ月間 毎日飲むこと
ワカメスープ嫌いが増える原因にもなっております
その他
真夏でも長袖長ズボンタートルネック着用
その上※オンドルもついてるし
あづい…
重いモノを持つの禁止！
ぬおおおおお
雑巾絞りも禁止ね
手首と足首をひねる動作も禁止！
結論
韓国の産後ママはNGが多くて大変だった…
大切なことだけどね

※オンドル＝床下暖房

さて出産の際
個室にするか
大部屋にするか
あなたなら
どうします？
悩むところですよね
値段もちがうし
うーん
できれば個室をオススメします
その理由は——
キャッキャッ
わいのわいの
どーもどーも
いつになったら静かになるのやら
20:15
ふとん
ほんとに落ち着かないから——
キャッキャッ
例えば夜でもずーっと家族が付き添っているケースも多いし——
母
おばーちゃん
教会に通っているママ達がいきなり賛美歌を歌い出すことも！
自由だなぁ
ごはんを食べ出す人もいたり——
けっこうニオイのキツイものが多いので出産時にはツライかも
体力つけねば…
もぐもぐ
うまい
ユミオンマさんが出産したのはソウル市内の総合病院
병원
119
出産日当日は通っていたクリニックからこの総合病院へ馴染みの担当医が来てくれるハズだった——
担当医です
どーも
ポリポリ
ところが…
すいません出産日に立ち会えなくなっちゃいました
申しわけない…
もう臨月
えー
ガーン
なんともオーマイガッドな展開が待っていた——ッ

実はここ最近ずっと胃の調子が悪くてね、とすまなそうな様子のドクター
出産日当日にいきなり休むのもなんでしょ
まーそりゃそーですけど
急遽代わりのドクターを紹介してもらうことに
出産予定の総合病院内の産婦人科のドクターです
アニョハセヨ
早速新しいドクターを訪ねそこで超音波検査などを受けた結果——
え？今なんと？
うーん
どうやらおなかの赤ちゃんがストレスを感じているようです
もう明日にでも出してあげましょう
え？！
とゆーことに——
心の準備が…しかし急だな
あっという間に
出産日当日
なんと帝王切開になってしまいました
まあ急な展開だったからというのも理由のひとつかもしれないだがこの状況をユミオンマさんなりに推理してみたところ——
もう一度あの時の状況を整理してみると意外なことが見えてきたんですよ
いいかいワトソン君
ばぶ？
同意書
帝王切開においてはたとえ何が起こったとしても、それはドクターの責任にあらず
捺印 ユミオンマ
同意書にサインしたユミオンマさん 自然分娩や無痛分娩では何か起こるとドクターは責任を追求されますが韓国では帝王切開に限り責任追及はそれほどないらしい
そこで今回のケースですが初診でしかも臨月の妊婦さん新しいドクターにしてみればカルテはあるにせよ今までの経緯を見てきたワケではなく自分の患者さんでもない
しゅん
要するに…
初来院ですでに臨月ちょっぴり不安はあるにせよ
帝王切開なら受け付けますよ（万が一ってこともあるからね）
——ってことなのかなと
つまりね…
未だに真相はナゾですが母子ともに無事だったから結果オーライってことで♡
めでたしめでたし

産後ケアに命かけてます！
過保護、禁止事項多し

祝★出産　出産後は『産後処理院』でリフレッシュ！

さてさて、お次は韓国での出産体験をご紹介しよう。

韓国にお住まいの日本人女性ユミオンマさんに話を聞くことができた。

さてユミオンマさん、のっけから「韓国では、産後二〜三日は歯磨きしないという、暗黙のルールがあるって知ってました？」と、不思議なことを言い出した。

待ってましたの、韓国あるある第一発目である。

お隣の国でありながら文化や思想など、日本とは違う面も多いが、ここ数年のテレビドラマでの韓流ブームの影響か、わたしから見た韓国人というのは『ちょっと過保護な人達』である。（ひえぇ〜！　ゴメンナサイ、先に謝っときます。韓国のみなさま……）。

韓流ドラマでは必ず子供たちの恋愛に親兄弟や、はたまた親戚までもが首を突っ込み大騒動、病気や事故なんて起こった日にゃ、そりゃもう天地がひっくり返るぐらいのドタバタ騒ぎ。たしかに役者さんもドラマだから分かりやすく演じているのだろうけど、それにしても、あの騒ぎっぷりはいかがなものか。

怒ると、どうして生卵を投げるんでしょうか。そりゃ、相手への精神的ダメージを考えると非常に効果的ではありますが……。

さらに「受験生のために飛行機止めるって、どうよ」と思っているのは、わたしだけでしょうか。毎年、その時期には『ハイ、今年もやって参りました！韓国名物、受験生を白バイに乗せて走る警官の図』みたいな映像がニュースで流れ、（いやはや、お隣とはいえ、近くて遠いとはこのことだな）と、ひそかに思っておりました。これを過保護と呼ばずして何と呼ぼう。

日本では受験生といえど「道間違えた」「寝坊した」「電車に乗り遅れた」など、どんな理由であれ、白バイは乗せてくれないだろうし、飛行機だって止まらない。まだまだ過保護な話題はありそうだが、これ以上言い出すと、本気でクレームが来そうなのでやめておく。

さて本題に戻ろう。

韓国での自然分娩は二泊三日が基本だ。ユミオンマさんは帝王切開だったので、出産後の入院期間は一週間ほどだったというから、日本とそんなに変わらない。

日本と違うのは退院後の徹底したアフターケアだろう。韓国には母子ともに産後処理院に滞在するという習慣がある。

この産後処理院での平均滞在日数は約二週間で、既に子供がいるママは個室でお子さんと一緒に過ごすことも可能だという。

日本でも興味を持つママたちが急増中という、この産後処理院。いったいどんな施設なのだろう。

「規模にもよりますが、日本の産後病棟に小さな文化センターのような機能が付いている感じでしょうか。基本的に赤ちゃんやママたちへのケアは病院での看護と同じですね。産後間もない赤ちゃんですから何があるか分かりませんし、専門の資格を持ったスタッフが二四時間しっかり看てくれます。スタッフの中にはもちろん出産、子育て経験者もいますから、相談できるし、何より安心できますよね。二四時間体制ですから、ミルクの時間になると夜中であろうと呼び出されますが、これは授乳の練習にもなって良いと思います。産後ダイエット講座、母乳の出を良くする、おっぱいマッサージや骨盤矯正ヨガ、モビール作りなどのプログラムを提供する施設もあります。授乳ブラ、腹帯コルセットなどの販売業者も出入りしていますよ。その他にも座浴ができる産後処理院もあります。こういった場所でママ同士が仲良くなるケースも多いみたいですよ」

なるほど、出産直後のこのタイミングで、二週間近くにも及ぶ新米ママ同士のコミュニケーションや育児のプロから直接受けるアドバイスは、かなり心強いに違いない。初産後なら尚更だろう。

ちなみに、この産後処理院に関しては、高級ホテル並みのケア施設を設けている所もあり、その内容もクリニックによって実に様々だ。産後のたるんだボディを引き締めるマッサージや食事療法を取り入れているクリニックもあれば、夜、赤ちゃんには粉ミルクをあげ、産後の疲労が残るママをそっと寝かせておくところもある。当然だが、こうした処理院はその分コストも跳ね上がる。

まさに美と健康に関しては、超先進国の韓国ならではの手厚いサービスのオンパレード。日本からの問い合わせが増えているというのも頷ける。

通常の産後処理院はだいたい日本円で二〇万円前後、高級ホテルクラスになると一〇〇万円を軽く超える施設もあるのだとか。

さてコストの話が出たついでに韓国での出産費用の内訳を聞いてみた。

その結果、意外や意外、日本よりもかなりリーズナブルな様子……。

「まず一般的な韓国での検診〜出産までの相場は、およそ二三〇万ウォン前後、日本円でだいたい二三万円前後かな」

日本の相場の約半額だが、韓国では日本のような出産手当はなく、出産に関する保険も効かない場合があり、自腹となるケースが多いそう。ユミオンマさんもフタを開けてみたら、一部、国民健康保険が効かない薬や手術などがあり、自腹を切ったという。

「韓国人は毎回、超音波で赤ちゃんを確認したがる人が多いのか、だいたい検診の相場は一回五万ウォン（約五〇〇〇円）ぐらいだと聞きます。大部屋にステイした場合の自然分娩にかかる予算は、二泊三日分の食事と出産費用込みで約三〇万ウォン（約三万円）ぐらいでしょうか。ちなみにわたしは帝王切開だったので、ステイ期間も長くなるから個室を選んだのですが、そこに一週間滞在して約一六〇万ウォン（約一六万円）でした。あと、帝王切開で全身麻酔をされたため、無痛のための点滴なんか全然必要なかったのに、なぜか医師が勧めてきたので、なんとなくされるがままに点滴してもらい、追加で一〇万ウォン（約一万円）加算されちゃっていましたね。日本では最後に清算するみたいですが、韓国の場合は先に出産費用の一部を支払います。でないとMRIやCTなど、いわゆる高額な精密検査をしてもらえない場合もありますから。理由はもちろん、後払いだと払わない人や払えないとゴネる人たちが出てくるから。わたしの場合『無痛分娩用の薬代は先に払ってくださいね』と念を押されました。その後、入院にかかった諸々の費用を部屋代などと一緒に清算され、退院日の朝に支払ったという記憶があります」

やはりゴネる大人たちというのは、どこの国にもいるようです……。

そんな風に様々な面でお金のかかる出産・育児だが、韓国では育児手当の類いはなく、その代わりに、

「三人目を出産したご家庭には、区によってお祝い金が出るらしいです。あと保育園や高校の補助金なんかも出るって聞いたことがありますよ。小・中学校の給食に関しては数年前から無料になりました」

ということであるから、各自治体で出産や子育てに関する情報を集めてみることをオススメする。

韓国人パパに多い『キロギアッパ』とは？

さて、ここからはご主人との二人三脚の子育てについて話を聞いてみよう。

「こちらの言葉で『キロギアッパ』という単語があるのですが」

と、何やらまた不思議なコトバが飛び出してきた。

「キロギ＝鳥類のガン、アッパ＝お父さん。つまり『ガンのお父さん』という意味です」

と、ますます説明が不思議である。

「韓国では子供の頃から、特に英語と数学の教育に熱心なご家庭が多く、この二つができなければ、ほぼ人生終わりとか言われちゃうんです」

なんと数学と英語で人生が決まってしまうとは……。

勉強嫌いのわたしが韓国に生まれていたら、あっさりと人生が終わってしまうところだった。ふぅ〜危ない危ない。

「この国は超学歴社会なんですよ。一流大学に進むには英語と数学が決め手となりますから、小さな頃から子供を有名塾に通わせたり、家庭教師を雇ったり。全教科に、それぞれの家庭教師を付けているという超教育熱心なご家庭もあります。次の家庭教師が既にリビングで待機してるなんてことも」

なんだかスゴイことになっております、韓国の教育事情……。

「科目の中でも、とにかく英語と数学が重要ですので、どの家庭でもこの二科目に関しては特に必死です。そのため一時期、海外出産がブームになったことまであるんですよ。妊娠八ヶ月前に渡米し、とりあえずアメリカなどで出産するのですが、これには渡航費や滞在費含め、実費での出産費用など結構なお金がかかります。ですが、そうやって大枚叩いてでも子供にアメリカ国籍を取得させておけば、その後の早期留学で学費が安く済む、というメリットがあり、人気に火がついたようです」

なんとも国をあげての超学歴社会な様子が伝わるエピソードである。

そりゃ、受験日当日、飛行機も止めるだろうし、白バイだってタクシー代わりに受験生を乗せて走るだろう。

「そういったご家庭では、子供が小学校低学年あたりになると英語圏に早期留学をさせるケースが多くなるようです。もちろん母親が子供を連れて行くのですが、この時、父親は韓国に残り、ひたすら仕送りする役目を担うんですよ」

「ははぁ、ここで『ガンのお父さん』の登場ですね」

「そうなんです。ガンは生涯で一羽の相手としか添い遂げないと言われていますから、一生懸命仕事をし、海外の奥さんと子供に仕送りし続けるお父さんのことを、韓国では『キロギアッパ』と呼ぶんです。現在でも『キロギアッパ』は多いですよ。ほとんど職業の一種だとさえ言われてますね。子供の教育のためなら、両親、祖父母共に労力を惜しまないのが、韓国流の教育スタイルじゃないかなと思います」

「ということは、ユミオンマさんのご主人も『キロギアッパ』でしょうか」

「うちは違うでしょうね。どちらかというと韓国式でもなく、日本式でもなく、カナダ式でもなく……。それぞれの良い所をミックスした感じでしょうか。

よくよく考えてみれば、一般的な言葉でいう、『どこどこの国ならでは』的なことには、あまり当てはまらないのかもしれませんね。しいて言えば、フツーに日本にいる、日本人家庭の生活とそんなに変わらないのかも」

「韓国で、そこまで教育に力を入れる理由ってなんなんでしょうか」

「理由は様々でしょうね。例えば、この国の医療費は結構バカ高く、もちろん皆さん保険には加入していると思うのですが、まず国民保険でカバーできない治療というのが結構多かったりします。ですから家を担保に借金したり、友人知人からお金をかき集めて治療に専念したり……。借金しないためにもガンガン稼がなければならない。そのため大手企業に就職を希望する人が多いのも頷けます。それにはまず高学歴が必要というワケで、『各学科に各家庭教師を雇う』という事態が発生するんです」

なかなかシビアな教育事情だが、ユミオンマさん一家はどうだろうか。

「我が家は日本の大学に進学させようと思っているので、高校の内申書はそこまで重要じゃなく、助かってます。ですから日本への里帰りなども楽しんでいますが、娘の友人達は違いますよ。夏休みなどは朝八時〜午後五時まで、ビッシリ学校で勉強し、その後、塾でさらに夜十時半まで勉強しているみたい。それでもイン・ソウルに合格するのは厳しいようです」

イン・ソウルとは、ソウル市内にある大学の総称である。

いったい全体、韓国の教育熱はどこまで加速するのだろう。イン・ソウルを目指していないユミオンマさん一家は韓国人の一般家庭からしてみれば、「やはり外国で生活していた夫&外国人妻という風に映るのでしょうね。ですが特に気にすることもなく、日々の生活を楽しんでいますよ」

なんともステキである。

そんな温かいユミオンマさんの韓国での生活はこれからも続いていくだろう。しかしながら、例えどの国へ行ってもユミオンマさん一家はブレることなく、家族が一致団結し、仲良く人生を楽しんでいくに違いない。

中国

上海市

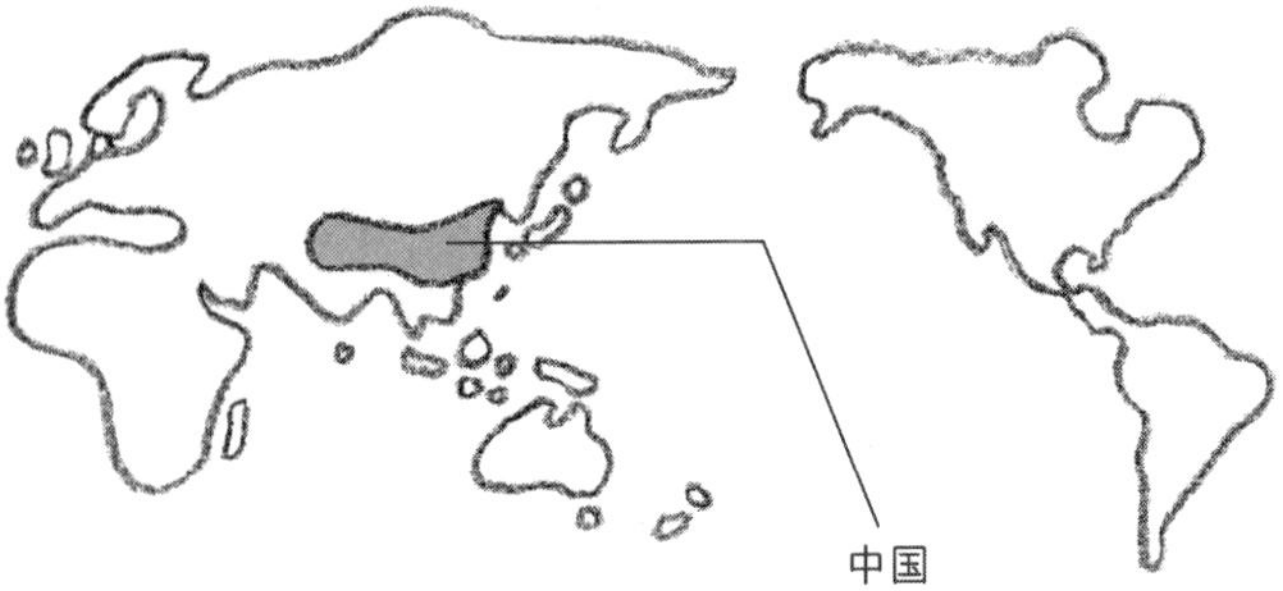

Country Data

正式名称：中華人民共和国
People's Republic of China
人口：約13億7,600万人
面積：約960万km²（日本の約26倍）
首都：北京
言語：漢語（中国語）
宗教：仏教・イスラム教・キリスト教など
民族：漢民族（総人口の約92%）及び55の少数民族
通貨：人民元（CNY）

出典：外務省　国・地域基礎データ

あこさん一家

パパ（トーゴ共和国籍）
パックさん

ママ
あこさん

長女
ナミちゃん
2011 年　中華人民共和国生まれ
3950g ／自然分娩
出産した病院 ● 上海の私立病院
保険会社 ● 自費出産
ママの年齢 ● 28 歳

長男
コウジくん
2013 年　中華人民共和国生まれ
3950g ／自然分娩
出産した病院 ● 上海の私立病院
保険会社 ● 自費出産
ママの年齢 ● 30 歳

次男
ケンくん
2015 年　香港生まれ
3800g ／自然分娩
出産した病院 ● 香港市内の公立病院
保険会社 ● 自費出産
ママの年齢 ● 32 歳

この国で出産することになった いきさつや、夫婦のなれそめなど

お互いが上海に留学中、知人のホームパーティで知り合った。付き合い始めからずっと二人の共通語は北京語という国際派夫婦。上海での出産後、ダンナさんの仕事の都合や子供達の教育を考え、香港に移り住み、第三子を出産。その後、カナダへ移住。

上海で第二子を出産したあこさん
ニーハオマー
だんなさまは西アフリカのトーゴ出身
オッファアン！（こんにちは）
ダンナのパックさん
アフリカ
←トーゴ
西の方
ココね
トーゴはフランス語がメインなので
ボンジュール
とってもインターナショナルなファミリ〜
あこさんが日本語で話しかけ
英語で返される
ここはフランス語と英語
長女ナミちゃん
長男コウジくん
次男ケンくん
夫婦間は出会った頃から北京語がメイン
（たまに英語が混じる場合も）
フランス語
英語
アフリカの部族の言葉
北京語など
四ケ国語を自在に操る
国際人のパックさん
実はなかなかの…
亭主関白！
なんだそうですよ
出産後自宅であこさんがなにやらブツブツ文句を言っているのを聞くと
もうダメ！ダメ！ムリは禁物っと
あれ持ってきて！
手が離せないのよ
どっこらしょ
ちょいとティータイム
あのねーッ
アフリカでは産前も産後も休みなくみんな外で畑仕事をするんだよ！
中国人だったら今頃は何もせず一ケ月も休んでるっつーの
ここは上海
んキーッ
とりあえず怒られちゃったそうです
しらんがな
そそくさと逃げるフリ

ちなみに他にも…
パックさん的家族の掟
其の一 子供の躾は母親の仕事なり
其の二 子供は親の言うことを聞いて当たり前
其の三 男親たるもの娘と一緒のお風呂禁止 ※シャワーはよろしいでもお股には触れるべからず
其の四 男親たるもの子供の爪切りはしない
其の五 男親たるものオムツ替えは禁止
其の六 男親たるもの…
お股は洗っといてよ！
とまぁそんなちょいと手厳しい(?)パックさん——
会社経営者実はとても忙しい人
てへ
上海での立ち会い出産の時にもなかなかの個性派っぷりを発揮しておりました
てへへ
とにかく必死でイキむあこさん
んあーッ
ところがどっこい——なかなか赤ちゃんが出てこない
だぁぁ〜
再来《ザイライ》！
再来！
再来！
再来《ザイライ》！
医師やスタッフ総勢五名に囲まれとにかく再来！(もう一回)再来！(もう一回)と声をかけられる中——
まだ時間がかかりそうですね
モニター
突然
あのぅ…
つかぬことを聞きますがそもそも赤ちゃんが出てこないのは赤ちゃんのせいですか？
それともお母さんのせいですか？
キリリッ
なぜか突然のメガネ
一人とっても冷静沈着な人
だしぬけに冷静な様子で医師達に尋ねるパックさん
んーお母さんのイキみ不足ですかね
残念ながら…
えーと…
うそ——ん…
こんなに頑張ってるのに…
うぅぅ…
と言われるや
ぬぬぅ
さあッ
産まれてきた赤ちゃんの顔を思い浮かべるんだ！頑張れ！さぁ！
ち、ちがい…

本人は必死に応援してくれていたようですが…
もうッマジで黙っててほしぃ！
と思ったそうです
ぬおおおッ
すでに頑張っとるわい！
しかもなかなか赤ちゃんが出て来られなかった理由それは…
ボクのせい？
アフリカ人特有（なのか？）頭部の横幅が長い
実はおしゃれスキンヘッド
赤ちゃんにしては頭部の横幅が長い（パパ似と思われる）
ばぶ
頭部の横幅の長さがパックさんに似て幅広だったから
産道でつかえてしまったらしい
そんなパックさんの分娩室でのいでたちはというと――
全身見事にフルカバー
病院内ではよく見かける恰好なのですがなぜかあこさんのツボにはまったようです
帽子
病衣
あこ
ビデオカメラ
マスク
手袋
靴袋
目しか出てないこの人…てゆうか笑わせないでほしいこの必死で力んでいる大事なタイミングで
笑うとマジでお腹痛過ぎてヤバイから
あこさん
目しか出ていなかったから確認できなかったが一人冷静だと思われていたパックさんしかし
なぜか結局ビデオカメラは一度も回さずじまい…
だって実は内心パニクってたんだもーん
てへ
そして無事に産まれた我が子を見て
おぎゃーおぎゃー
あこさんが初めて見た
パックさんの男泣き！
うぅ…サンキューあこ&神様！
さてここからはそんな男前なパックさんを育てたアフリカンなママ（姑）の登場です
オッファン！
どうもパックの母です
産まれたばかりのベビーはね常に布でグルグルくるまなきゃダメなのよ
ワイルドな片腕抱き
布でグルグル巻きベビー

さてさて
アフリカンママの
ベビーバス風景
キュッキュッと
優しくね
上から下へ押していく
イメージで
お風呂の前には
必ず背中を
マッサージして
あげるのよ
最後に
お尻までできたら――
お尻の
ホッペを
上向きに
クイッと押す
のを忘れずに
ぼふん
このマッサージの
おかげでしょうか
ばーちゃん
ありがと♡
三人の中でも特に
ナミちゃんは足が長〜い
そうです
ついでに
その他の
アフリカンな
出産ルール
といえば
トーゴ的マタニティルール
其の一
母乳が出る前なら
多少のビールは飲んで
良し(ただし常温に限る)
其の二
出産後はただちに
バケツを消毒薬と
お湯で満たし
お尻を浸すべし
(ただし帝王切開はのぞく)
其の三
産後二ヶ月は
免疫力の低下に注意!
其の四
よって頭から足先まで
風に当てるべからず
其の五
長い付け毛を編んで
頭に巻き付け
頭部を寒さから
守るべし
それから
産後の回復には
生姜スープと
アクメが
一番じゃ
アクメ
とうもろこしの
粉を練ったおもち
主食の一つ
ちなみに
このお姑さん
アフリカでは
英語の先生
なので
Yes!
ここは英語
Do you
understand?
Babu
あこさんと
お姑さんの
コミュニケーションは
もっぱら英語
スゴイなあ
あこさん…

さらに上海では
夫婦共働きが
当たり前という
お国柄なので
お手伝いさんを
雇っていたのですが
ニーハオマー
英語も
日本語も
からっきし
ダメよ
上海人のお手伝いさんは低時給での体力仕事は嫌がる人が多いそう
生粋の
四川省の人で
訛りがまた
スゴイの
なんのって…
No! No!
アフリカンママと
お手伝いさんの
コミュニケー
ションは
もっぱら
ジェスチャー
Yes!
そんなある日
アフリカンママが
Oh! Yes!
暑い日は
一日二回
お風呂に
入って
いいのよ
と親切に伝えたところ――
次の日
お手伝いさんが
魚を二尾
買ってきた…
ヘイ！
お待ち～
どこをどう
聞き間違え
たのやら…
二ヶ月後
このなかなか
シュールな
状況の中
あこさんは
勇敢にも
仕事に復帰
気を
つけて
ばぶ
いってらっ
しゃーい
いってきまーす
しかし
不安だ…
その後も
シュールな
やりとりは
しばらく
続くので
ありました…
No!
No!
Oh! Yes!

出産するまで性別の告知は禁止！
中国の一人っ子政策

祝★出産　二人目からは課税対象ってホント？

「出産当時、中国では産前の性別告知は禁止されていました。とはいえ、わたしたち夫婦は、ちゃっかり教えてもらいましたけど」

上海で二〇一一年に長女ナミちゃんを、二〇一三年に長男コウジ君を出産した、あこさんに話を聞くことができた。

「子供の性別を聞いて中絶するのを防ぐためです。やはり一生で一人しか産めないとなると男子を望む家庭が多いですから。もちろんエコー検査はありますが、医師は絶対に教えてくれないんですよ。命の尊厳のためです」

当時、中国では一人っ子政策のため、二人目は産めない時代だった。

いや産むことは可能だが「その分、課税対象になります。税金という名の罰金みたいなモンですね」。二〇一六年に廃止されるまで、実に三〇年以上も続いた、国をあげての政策だ。

「『子供は一家に一人だけ』の時代が長く続いた中国でしたが、第一子（ナミちゃん）出産時は二人目を産んでもオーケーな時代に変わりつつありました。ですが、『両親共に一人っ子の場合に限り、二人目を産んでもいいよ』という条件付き。必ず事前に申請し、そこでやっと二人目のお許しが出るといった状況でしたね」

申請せずに産んだ場合、結構な額の税金を課せられるとか。さらには、

「出産時に三五歳以下でも、ダウン症の検査は必ずさせられました。ただし、どうしても受けたくない場合、サインすれば免除することもできたようです」

などなど国政だったため、色々と厳しい規制があったようだ。

そんな中、なぜあこさん夫婦は産前に性別を知ることができたのだろう。

「外国人夫婦だからでしょう。第一子の時は、わたしが日本人だと言うと、す

ぐに教えてくれました。ですが第二子の時は、すぐには教えてもらえなくて。もしかしたら、わたしの見た目が同じアジア人だから中国系と間違われたのかも。とにかく早く性別を知りたかったので『わたしは日本人なんですってば。しかもダンナも外国人です！』と、ちょうどエコー室の入り口にいたダンナを指差したんです。ちなみに彼は西アフリカのトーゴ出身。ダンナを見た瞬間、医師の態度がコロッと変わり、すぐに『男の子です』と教えてくれました」

アフリカ人のパックさんのお蔭で性別が分かったものの「患者が、自分達のような外国人ではなく、中国人だったら、きっと教えてもらえなかったでしょうね」と、あこさん。出産まで子供の性別が分からないというのは、どんな心境なのだろう。エコーのなかった時代ならばいざ知らず、現代の出産において、そのような状況に置かれることは稀である。

しかも上海では月一でエコー検診があったという(私立病院の場合)。一人っ子政策中の妊婦達は、このエコーの度に、ウズウズしていたに違いない。

辰年ベビーの話は他の章でも触れているが、

「ちょうど第一子を産んだ年が辰年だったので産院を予約するのが大変でした。中国では辰（龍）は天に昇る象徴ですからね。何事も上昇するという意味で昔から子供を産むには良い年と言われています。産前検査も予約制でしたが辰年を狙って出産ラッシュのため、毎回二時間はかかりましたね」

龍を崇める対象とする本場、中国での辰年人気はスゴイらしい。

外資系の産院でもメインはやっぱり北京語

大混雑の産前検査&出産だったが、検査はどのような様子だったのだろう。

「妊娠が分かった時、第一子で不安だったこともあり、日本語の通じる婦人科クリニックを訪れました。以前、日本の婦人科で働いていた医師がいる所でした。当時の上海では唯一、日本語の通じる婦人科だったと思います。しかし残念ながら日本語の通じる産院はありませんでした。アメリカ帰りの医師や英語が話せる医師のいる産院はありましたが、やはりお値段が高いというのは有名な話でしたね。私が出産したのは外資系の私立病院でしたが、やはりメインは北京語でした。中国で出産を予定する場合、ある程度の北京語はマスターしておいた方がいいですね」

あこさんが出産したのは台湾系列の、アメリカ式産婦人科がある私立病院。上海に分院が二つもあるという。一般病棟とVIPルームがあり「なぜか値段がほとんど変わらなかったので思わず、VIPにしてしまいました」とのこと。値段については後で触れるとして、このようにアメリカ式産婦人科（しかもVIP扱い）とはいえ、英語が通じるというワケでもなさそうである。

「初産検診では、とても腕が良いと評判の医師が担当してくれたんですよ。第二子の時もお願いしたかったのですが、もう予約が一杯で別の医師が担当してくれることに……。ところが受付の人がわたしを覚えていてくれて『自分に任せなさい！』と。そのまま、腕をグイグイと引っ張られ、この人気医師の元へ連れて行かれました。そこで『先生、日本人のあこを覚えてるでしょ。先生の患者に登録するからヨロシクね！』と半ば強引に担当医師を変更してくれて助かりました。国民性でしょうか。こういった受付担当含め、エコー室のスタッフなど、仲良く接すれば接するほど、親切にしてくれる気がします」

産院では臆せず、笑顔で親しげに振る舞っておくことが重要だと、あこさん。

さらに妊娠後期のエコー検診では、

「赤ちゃんの体重が既に四〇〇〇gはあると言われ、内心焦ったのですが、担当医師の触診では『まだ三八〇〇gかな』との判断でした。実際、産まれた時の体重は三九五〇gでしたので、この医師の触診の方がピタリと当たっていたことになり、やはりベテランだなぁ～と感心しました」

日本以外にもあった！　海外で、まさかの体重チェック

検診中の胎児の体重の話題が出たついでに、妊婦の体重制限については、

「第一子の時は一六キロ、第二子では一九キロも増えちゃいまして。『お産が大変になるわよ』とずっと注意されていました。いやぁ、お恥ずかしい……」

妊娠中の体重について注意された国が日本の他にもあった！　と驚いた。今回取材をした一〇ヶ国のうち、日本を除く上海だけが体重に関するチェックが入ったことになる。珍しいといえば珍しい。体重増加で懸念されるリスクの一つに妊娠中毒症などが挙げられる。上海でも血糖値検査は必須だった。

「砂糖水を飲み、一時間後にどのくらい血糖値やインシュリンに変動があるのか、チェックするんです。経産婦の方がなりやすいと聞いたことがあります。わたしは香港での三人目の妊娠時にひっかかってしまいました」

その後の出産の状況については、

「初産では、まだだと帰されるケースが多いと聞いたので、家事を一通り終えてから病院に向かいました。夕方五時半頃に陣痛を感じたのですが、夜一〇時半過ぎまで洗濯機を回していたような……。そのうち、ダンナさんから『オマエいい加減にしろよ』と怒られ、病院に連れて行かれましたから。そんな余裕があったのですが、実際のところ、病院に着くと『もう子宮口が開いてますよ』と言われ、ビックリ！　すぐに分娩室に直行させられました。ですから夜の一一時頃に病院へ到着し、夜中三時頃には出産してましたね」

入院後、四時間での出産ということもあり、あまり大変だとは感じなかったという。ちなみにこの時の出産は自然分娩だった。

「分娩室には助産師さんが一人いて、何やら冷静に記録を取っていましたね。こちらがどれだけ『痛い』『苦しい』と言っても『まだまだ』の一言で、結構ギリギリまで無視され続けていましたよ」

と苦笑い。この時、日本のように背中を擦りながら『ひい、ひい、ふう』と言ってくれるようなサービスは期待できないと悟ったという。

「とうとう破水した頃、ようやく他の医師達を呼んでくれました。それまでは、このやけに冷静な助産師さんとの緊張感漂う雰囲気の中で痛みに耐えていたのですが、入ってきた医師達の中に、検診を担当してくれていた、例のベテランドクターがいて……。見つけた瞬間、安堵と嬉しさのあまり、思わず涙が出そうになりましたよ。リラックスしたからでしょうか、それと同時に子宮口が一気に開いて、赤ちゃんがスルスルーっと降りてきてくれました」

ちなみに冒頭のマンガでも少し触れたが、それまでは赤ちゃんの頭が産道でつかえてしまい、なかなか出てこなかったそう……。

「頭の横幅がダンナに似て幅広で。まさか産道でつかえてしまうなんて」

きっと医師達もビックリしたに違いない。しかしながら

「イキんでもなかなか出てこなかった時に局所麻酔を打たれて、それで一気に気持ちが和らぎましたね。そのタイミングが完璧だったのか、すごく裂けていましたが、あまり痛みを感じることなく助かりました。さらに三回ほどイキんでも出てこないのを見かねて『もうちょっと頑張ってたら、今ので、もう出てたわよ』と声をかけてくれたので『こんちきしょー！』と踏ん張れました。うまく手の平で転がされていた気もしますが、いちいちタイミングが絶妙で、優秀な医師達に担当してもらえて良かったなあと」

四時間という、なかなかのスピード出産の後、三泊四日で無事に退院した。

「公立病院だと問題がなければ入院期間はせいぜい一～二泊みたいです。自然分娩とはいえ安産だったからか、三泊四日は少し長いと感じましたね。上海

では帝王切開が多いので、その場合、三泊四日は妥当なのかもしれませんけど」

日本で帝王切開といえば最終手段的なイメージだが、中国では自然分娩や無痛分娩よりも多いと聞く。所変われば主流の分娩方法も変わってくるので注意が必要だ。また辰年の件もそうだが、出産時期を干支や占いで決める人が多いのも中国の特徴で、それも帝王切開率の高さに直結している。

出産費用の内訳&産後のお手伝いさんの給料

出産当時、上海の日系メーカーに勤務していた、あこさん。会社の保険に加入していたが、検診や出産には適用不可だったため、自腹だった。

「私立病院で出産費用は四〇万円ほどでした。エコーは月一回でしたが、後半になると月二回に増えました。ちなみに第三子は香港で出産したのですが、公立病院だったからか、出産までのエコー検診はたったの一回！　もしかしたら上海でも公立病院の場合、ここまで頻繁にエコー検診をしてくれないのかもしれないですね」

中国で取れる産休は基本的に四ヶ月まで。働くママ達は四ヶ月後には、だいたい職場に復帰するとのことで、上海では夫婦共働きが主流なのだそう。

「母親が自分で子供の面倒を見ているケースは少なく、専業主婦という概念は珍しいと感じました。祖父母たちが面倒をみるのが一般的ですが、遠方などの理由で、それができない場合はお手伝いさんを雇ったりします」

一人っ子政策の影響か、子供には過保護だと感じることも、しばしば……。

あこさんも他の上海人ママ達と同じく、産後三ヶ月ほどで職場に復帰した。その際、パックさんの実家、アフリカからお姑さんが応援に駆けつけてくれた。さらにお手伝いさんもいたそうです。

「当時は月々約三五〇〇元（約四〜五万円）。一日あたり一二時間、来てもらっていました。基本的に田舎からの出稼ぎが多く、英語NGな人が大半です」

だが高給取りのお手伝いさんならバイリンガルな人もいるのだそう。

「良いお手伝いさんを確保することは大切で、そのために給料を上げていく家庭も多いです。またお手伝いさんの方でも経験を積んで、さらに高い給料を支払ってくれる家庭に行くことを狙っているような感じでしたね」

そんなワケで公園ではしょっちゅう、お手伝いさん同士が井戸端会議をしながら、相手の給料を探り合っていたのだそう。

「『初めまして』の挨拶代わりに、互いの給料の聞き込みをしているらしいです。『うちは時給いくらだけど、そっちはどうなの?』みたいに。お蔭で、年々、お手伝いさん達の給料の平均値がアップしていったような気が……」

一人っ子政策が廃止された昨今、さらにお手伝いさんの需要は伸びるに違いない。同時に語学力のあるお手伝いさんも増えるような気がする……。

外国人パパとの子育て

パックさんは上海や香港にオフィスを構える会社経営者。超多忙なパパで、あこさん曰く「亭主関白なんです。一昔前の日本男児みたい」なんだそう。

元々、そんなにテンションの高い人ではないけれど、『じわじわ来る面白さ』を持つ人だというから、そんじょそこらの亭主関白とはひと味違う。

ちなみに一家は上海で過ごした後、香港へ引っ越し、現在はカナダに住んでいる。このカナダ移住はパックさんの仕事が理由ではなく、子供達の教育のため。子供達をキレイなネイティブスピーカーにしたかったのだそう。

現在、子供達は学校では英語を話し、自宅ではママとは日本語、パパとはフランス語&英語を話し、パパとママは北京語がメインだというからスゴイ。

そんな超国際的な、あこさん達は将来について、

「一〇年後、日本に帰りたいと思っています。子供達は今のところトーゴと日本の二重国籍。ちなみに上海や香港で生まれましたが、両親のどちらも、中国国籍を持たないので、子供達も中国国籍はもらえません。日本に行くことに関して、ダンナさんは一応オーケーだと言ってくれています。嬉しいですね」

今後、お子さん達がどんな国際人に育っていくのか、とっても楽しみな、あこさん一家でした。

シンガポール

リバーバレーエリア

Country Data

正式名称：シンガポール共和国
Republic of Singapore
人口：約 561 万人
面積：約 719km²（東京 23 区と同程度）
首都：無し（都市国家）
言語：国語はマレー語。公用語として英語、中国語、マレー語、タミール語
宗教：仏教，イスラム教，キリスト教，道教，ヒンドゥー教
民族：中華系 74%，マレー系 13%，インド系 9%
通貨：シンガポールドル（S$）

出典：外務省　国・地域基礎データ

ナツミさん一家

パパ（日本国籍）
タクさん

ママ
ナツミさん

長男
タローくん
2010年　日本生まれ
3078g／自然分娩
ママの年齢 ● 32歳

長女
はなちゃん
2012年　シンガポール生まれ
3465g／自然分娩
出産した病院：シンガポールの総合病院
保険会社：日本でダンナさんが加入している健康保険組合
ママの年齢 ● 34歳

この国で出産することになった いきさつや、夫婦のなれそめなど

大学時代、同じ研究室にいた二人。卒業後に再会し、お付き合いが始まり、結婚へ。その後、日本で長男タローくんを出産。建築関係の仕事をしているダンナさんの転勤により、2012年の夏、シンガポールへ移住。この時、ナツコさんは妊娠34週目。まずは現地の病院のリサーチから始め、無事に女の子を出産。

シンガポールから
スラマッ
トゥンガハリー
（こんにちは）
どーもー
マーライオンです
ドピューーッ
わたくし
マーライオンが
知る限り
我が国には
英語、北京語
マレーシア語
タミル語など
公用語が
四つも
あるんですよー
ややこしいでしょ
ドピューーッ
とにかく英語さえできれば大丈夫なんですが…
病院からもらった英文をご紹介しましょう
…と、その前にシンガポールといえば
せっかくなんで
天空のプール
※世界最大級
五七階
映画館
カジノ
巨大植物園
絶品グルメ
などの
見所満載
マリーナベイ・サンズの屋上プールいつか行きたい
病院発
English for 出産 PART 1
これさえあれば指さすだけでオーケー♡
【例文1】医師が必要とみなした場合以外の人口破水は望みません
I would not like to have my water ruptured artificially unless the Dr. thinks that is necessary.
【例文2】できることなら会陰切開は避けたいです
If it is possible, I would like to avoid an episiotomy.
はじめまして
シンガポール在住の
ナツコです
日本で長男を
シンガポールで
長女を
出産しました
日本生まれ
タローくん
シンガポール生まれ
はなちゃん
ばぶぅん
よ

English for 出産 PART 2
【例文3】赤ちゃんのヘソの緒を切る前に抱っこさせてください
I would like to hold my baby before cutting the umbilical cord.
【例文4】主人にヘソの緒を切らせてください
I would like my husband to cut the umbilical cord.
シンガポールは多民族国家なのでこういったサービスをしているのかも
パジュ・クロン
※マレー系シンガポール民族衣装
ぜひ病院でチェックしてみてくださいね
次に支払い方法について みなさん NETSってご存知でしょうか?
いわゆるどこでもATM機のようなシステム
店頭などに設置されているカード読取機にカードを通します
カード読取機
クレジットカードの要領で支払う時に使用すると…
ATMのようにその場で銀行口座から直接引き落とされる決算システムのことです
支払いはNETSでプリーズ
ちょいとお待ちをプリーズ
NETS
ただし病院では一日の使用限度額が二〇〇〇Sドルまでだったので入院初日と退院日の二回に分けて支払うよう指示されました
意外に便利なんですよコレ!
日常の色んなシーンで使えるんです
NETS
というわけで我が国で大人気の決算システム ココで暮らすならNETSの準備をオススメするよ
ぴゅー
シーサーじゃないよ

産院の食事は多民族系なので種類も豊富でした
さすがは多民族国家ですよね
インド系カレー各種
マレー系料理
チャイニーズ料理
どれも味はまあまあ
おやつもあるよ
そこで不思議だったのが…
どのメニューにも『Diet』の文字が表記されていたこと
MENU
Diet
『ダイエット』なのでてっきり『量少なめ』かと思いきや…
山盛りやん
で――ん
どうやらシンガポールではDiet＝食事という意味らしい…ということに気づきました
ボン
キュッ
ボン
ブッブー
日本でタローを出産した時の体重制限の記憶が強過ぎて
つい…
日本の検診ではカルテに「アイスクリーム食べました」などと書こうものなら栄養士さんの怒りバクハツでしたもの…
はぁ
※栄養士A
ナツコさん…
妊婦カルテ
おやつ アイス
プルプル
ドッカーン
このアイスってなんすかーッ
い、いやあの…その…
そうなんですここでは日本のような体重制限はなく食事に関してはとっても楽チンでした
OK
今のところ海外一〇ヶ国近く取材した結果体重制限のある国の方が珍しいような…
これってどーゆーこと??

日本とシンガポール両方の出産を経験して実感したことのひとつ…
シンガポールのスタッフの方がドライだなー
うーん
ぶっちゃけ
至れり尽くせりだった日本の産院とは大違い！
例えば出産の五分前にも関わらず
担当医来ず
忘れてないよね
↑ダンナ
ダンナと待ちぼうけ〜
英語わからんと言っとるにも関わらず
産院の予約取るの手伝ってプリーズ…
産院の分娩室の予約はご自分で取ってくださいね
それから産院には日本人スタッフいませんけど…がんばってください
おことわり
お茶うまい
あう…
産まれる寸前で痛くて動けんちゅーに
ダンナどこ行った？
書類の再提出プリーズ！
Thank you!
お、重い…
かばん
力がたらぬ…
BAG
あたふたあたた
笑気ガスの説明中
このボタンを押すと、こうなります
ココに鼻と口を当ててください
おちつかないーーーッ
器具の扱い方の説明中
そろそろこれに着替えてください
さあさあ
痛くて動けんのよもう！
だーかーらー
おちつかな過ぎるっちゅーーねんッ
日本じゃ甲斐甲斐しく背中までさすってもらってる場面なのに…
よしよし
大丈夫ですからね〜
ナデナデ
背中

教訓
日本の至れり尽くせりなサービスを外国で期待するのはムダーーーということでしょうか
ヒュールルルー
きっと親切な人も中にはいるんでしょうけどね
さてさて気をとりなおして…
ナツコさん流海外でのクリニックの見つけ方
なにぶん引越してすぐに探さなけりゃならなかったので手っ取り早く現地の
日系
フリーペーパー
がとっても役に立ったそうです
ハローシンガポー
マンゴスティンクラブ
J+plus
PARTI
では最後にナツコさん流英単語の発音のコツを教えてもらいましょう
現地で（どうにか）通じるEnglish講座
※例えば『BABY』という単語の場合
ベイビー↗
バージョン1
語尾を上げてみる
ベイビー↘
バージョン2
語尾を下げてみる
ベイビー
バージョン3
とりあえず棒読みで発音してみる
つまり…
同じ単語を違う発音で三回繰り返して言ってみる作戦！
どれか一つは通じるハズ…

公用語は四つ。平和な多国籍国家だが出産現場は意外にドライ……？

祝★出産　産院は日系フリーペーパーで探しました

「スブハーナーカッラーフンマ、ワビハムディカ……」

これ「おぉ！　聖なるお方、アラーの神よ」的祈りの言葉である。「ワ、タバラ、カスモーカ、ワ、ターアッラ……」と、お経のノリで、その後も延々続く。

お昼時になると、どこからともなく流れてくるお経のリズムが異国情緒あふれる粋な国、シンガポール。マレーシアに隣接し、国名の意味は『ライオンの町』。

シンガポールといえば、あの白いライオンの像。口から豪快に水を吐き、シンガポールの象徴として鎮座ましましている。ちなみにマーライオンと呼ばれる、この像の名前の由来はマーメイドとライオンが合体したものだそうで、猛獣ライオンを象ったとはいえ、なかなかロマンチックなビハインドストーリーが隠されていそうである。

文字通り、人種のるつぼのシンガポールには英語、北京語、マレー語、タミル語など複数の公用語があり、宗教も仏教、イスラム教、ヒンズー教、道教、キリスト教などとてんこ盛りで、ややこしいことこの上ない。

一党独裁下での多民族国家という時点で、日本とは真逆なのだが、国家の治安は保たれ、街中にゴミはなく、民族間同士での目立った紛争もなく、なんとも平和な国らしい。多民族が平和に楽しく暮らしていける国づくりという面においては参考にすべき国家の一つであり、未だ民族間における宗教がらみの内戦や、独裁政権下での反政府軍とのドンパチが多発している紛争地帯の大人達は、おおいに見習った方が良いんじゃないかと、わたしは思う。

今回はそんなシンガポールで暮らす、日本人家族に話を聞いた。

ダンナさんの仕事の関係でシンガポールに移住してきた時、既に身重だったという、ママのナツコさん。

「引っ越してきた時は妊娠三四週目。なので、まずは早くクリニックを見つけなきゃと思って……。英語が話せないので、現地の日系フリーペーパーが貴重な情報源でしたね」と、数冊の雑誌を見せてくれた。

「シンガポールでお世話になったのは、中華系シンガポール人のティム先生。笑顔の優しい四〇代後半のドクターで、日系フリーペーパーを見て『あ、この先生にしよう！』って、ほとんど直感で決めたんです。だから実は産院選びには時間をかけてないんです。決め手ですか？『日本人のスタッフもいます』と書かれてあったことでしょうか」

と、思わず苦笑いするナツコさん。

そのあっさりした決断が功を奏したのか、通常はクライアントもドクターも外国人というクリニックの待合室で、

「隣に居合わせたのが日本人女性で偶然にも同じマンションに住んでいることが判明したんです。以来、その方にこの国で暮らしていくのに必要なことを

教えてもらったり、お友達を紹介して頂いたりして助かりました。ちなみにティム先生は腕利きと評判のドクターだったようで、このクリニックに決めて、ほんとに良かったです」

と、なんともラッキーな出会いが待っていた。

ちなみにティム先生の検診クリニックは、後に出産することになる総合病院の敷地内にあった。出産までの間は毎回、病院の敷地内の片隅で検診してもらっていたのだ。

「検診中はずっと、ティム先生のような診察専門のドクターが何名か常駐している、病院エリア内の一角に通っていました。そして出産は、病院内の分娩室を借りました。同じエリア内とはいえ、総合病院側としては病院外のドクターに分娩室を貸すことになるらしく、私が『このドクターと今回、契約しています』的な書類を自分で用意して病院側に提出し、更に自分で分娩室の予約まで入れなきゃならないという、ちょっと面倒くさい手続きが必要でした。英語があんまり通じなくて大変でしたね」

ちょっとどころか、だいぶ面倒……。

便利な決算システム。支払いはNETSで

さて日本とシンガポール、両方での出産を経験したナツコさんに、両者の違いについて聞いてみた。

「お金の支払い方法から、医師の対応、病院の仕組み、体重制限に関する指導など、本当にもういろいろと違いますね。まずは病院側への支払い方法ですが、NETSという、キャッシュレスの支払い方法が一般的なんです。まず入院一日目に『出産費のディポジット（預かり金）を支払ってください』との指示があり、半額を支払うよう指示され、NETSで支払いました」

ちなみに検診費用を含め、出産にかかった、おおよその金額は日本円にして約二四万円ほど（一Sドル六四円換算、二〇一二年当時）。内訳は検診費用が一三〇五Sドル（シンガポールドル）で出産費用は二五三八Sドル（合計

三八四三Sドル）。

クリニック側のパッケージ（料金プラン）には『妊娠二〇週から分娩まで、込み込み二〇〇〇Sドル』というのもあったそうだが、ナツコさんはすでに妊娠三四週目だったので、検診費用はパッケージではなく毎回支払うことにしたのだそう。

検診費用は一回一〇七Sドルで日本円にして、およそ六八〇〇円ぐらい。ちなみに通った検診回数は全部で六回、日本円にして合計約四万円ほどだったそうである。

最終的に出産費用は合計で約二四万円ほどに収まった。ということは、日本からの出産育児一時金で、おつりが出ちゃったのでは……？

「日本からの支給額は約四二万円だったので、ラッキーでしたね。だから日本から出産の手伝いに来てくれた両親の飛行機代にあてました」

なんとも親孝行な話だが、リーズナブルな産院を選んだワケではない。

「この国では平均的な値段だったと思います。オーソドックスな総合病院の二人部屋で、ごく一般的な出産だったので通常どおり二泊三日で、すんなり退院できたというのもありますが……。これが難産や帝王切開、または部屋のグレードをアップしてもらうなどした場合、当然ながら出産費用は、もっとかさむでしょうね」

オーソドックスな総合病院で料理もまずまず、部屋の中はキレイで、すこぶる快適だったという。

無痛分娩が主流のシンガポールで、あえて自然分娩をお願いしてしまった、ナツコさん。病院側からは当然のように無痛分娩を打診された。

「まあ、どっちでもいいかなと思って。日本での自然分娩は正直、痛くて死にそうだったけど、過ぎてしまった今、『あの時、耐えられたんだから、二人目もいけるかな』と。病院側からは『無痛分娩にすれば何日に入院して、何日に出産して……と、自分でも出産の計画を立てられて楽ですよ』と、何度も勧められたのですが」

予定日から三日遅れの自然分娩は、まず早朝五時頃に陣痛が来て、午前一〇時頃に病院へ到着。そこからなんと三時間弱の一二時四三分には出産完了というスピード出産だった。比較的軽産だったためか、自然分娩にも関わらず、通常の二泊三日で無事退院することができ、めでたしめでたし。

希望すれば一日三〇〇Sドル（日本円で約二万円）ほどで退院を延期することも可能だったが、特に必要がないと判断したそうである。

現在、ナツコさん一家が住んでいるのはシンガポールの中心部、いわゆるシティと呼ばれるエリア内にあるリバーバレーロード。比較的、日本人の多いエリアだ。

穏やかでのんびり、ほんわかと優しい雰囲気のナツコさんは、ここでダンナさんと長男、シンガポール産まれの愛娘ハナちゃんと共に仲良く暮らしている。

冒頭のマンガでご紹介した英語攻略法の荒技発見からもご推察のとおり、「英語は全然しゃべれないけど、まあ、どうにかなっちゃってますよ」と軽やかに笑い飛ばす、肝っ玉の大きな面も持ち合わせている。

物価については、

「東京と同じぐらいでしょうか。決して安くはなく、外食すると東京並みの出費で、それが日本食だと更に高くつきます。ちなみに日本でもお馴染みのスーパーマーケット『明治屋（MEIDI-YA）』では、ネットで食材なども買えるので便利。週単位で配達してくれて助かってます。まあ、現地の人達と同じような食生活をすれば、多分、食費なんかはもっと押さえられるんでしょうけど」

とは言うものの、日本人にはやはりごはんと味噌汁であり、個人的には納豆と目玉焼きも付けたいと、明治屋（MEIDI-YA）に頼るところは大きいのだそう。

余談だが、ふと『シンガポールの代表料理ってなんだろう』と思いつき、調べてみたところ、いきなり『シンガポール料理というカテゴリーはないです！』という、わりと強気な検索結果が出てきて驚いた。

さすがは神秘の国シンガポール。多民族文化が融合し過ぎて、独自の食文化が確立できなかったのだろうか、なんとも謎である。

と、そんな私の疑問はどうでも良く、シンガポールにおける日本人パパとの子育てについて、話を伺ってみた。

「日本にいた頃と比べてパパの帰りが早いので、子供をお風呂に入れてくれたりして助かっています。早い時には夕方六時前後に帰ってくることもありますから。日本にいた頃の帰宅時間は、だいたいいつも夜中の一一時頃でしたね」

ちなみに「ホームシックは全然ない」というナツコさん。

一歩、街に出れば日本人もいるし、日本製品もすぐ手に入る。日本語満載のフリーペーパーやNHKを契約しているケーブルテレビからは、ほぼリアルタイムで日本の情報が入手可能だ。中古のDVD屋さんでは日本映画だって手に入るし(中国語や英語の字幕入りだが)、さらには日本でお馴染み『一〇〇円ショップのダイソー』も、二ドルショップとして大人気なのだそう。

「特にサランラップなんかは、パシッと切れるものが現地にないので、いつもダイソーで日本製を買ってます」。

しかし何といっても「外国とはいえ、ヨーロッパやアメリカと違って、見た目が似ているアジア系人種が多いからでしょうか。あんまり違和感を感じないんですよ。みんな髪も目も黒いんで」というのも、あまりホームシックを感じない理由の一つのようである。なるほど、言われてみれば納得である。

モルディブ、モーリシャス……。人気リゾートにワクワク♡

そんな異国情緒あふれる街で子育て奮闘中のナツコさん。今後については、「旅行に行きたいです。日本からだと遠いけど、ここシンガポールから行けば近くにリゾート地って結構ありますから。インドネシアのビンタン島なんか良さげです。フェリーで五〇分、島の入り口からリゾートホテルまでは一〇分と近いし、一人一万円前後とリーズナブルなんですよ。新婚旅行で行ったモルディブも、ここから約三時間と近いので、ぜひまた行ってみたいですね。あとはモーリシャスかな。キレイなリゾート地って、やっぱりステキですよね」

なんと素晴らしきかな、シンガポールよ。気のせいだろうか、『シンガポール移住計画』という文字がチラチラと脳裏をよぎる。

「あとは英会話をもう少し上達させたいかな。日本人も多いし、日本の商品も豊富なので、今のままでもあまり不自由は感じないんですけど。まあ、せっかくですし」

異国の地で、現地の文化に溶け込みながら、うまく日本人としての生活を満喫しているナツコさん。肩肘張らず、無理はせず……。自己主張の激しい外国人達の中で無駄に消耗してしまう日本人も多い中、この自然体はスバラシイと思う。

「まあ、どうにかなるでしょ」と笑える体質は海外生活では必須だと思う。

「海外赴任二年の予定で来ましたが、実際のところ、この先、あと何年ここにいるのかは分かりません。最初は三年の予定で赴任してきて、結局一〇年以上も赴任先にいた、というご家族もいらっしゃるようですし。ただシンガポールにいる間は、この生活を楽しんでいきたいですね」

スブハーナーカッラーフンマ、ワビハムディカ……。

今日もまたアラーの神を称えるお経のリズムが街中を流れる頃、タローくんとハナちゃんを囲み、のんびりランチを楽しんでいるナツコさん家族の様子が目に浮かぶ。和み系、という言葉がぴったりのナツコさん。たとえ一家の赴任期間が一〇年を過ぎたとしても、そのほんわかムードは変わらないだろう。その頃にはきっと近隣のリゾート地を完全制覇しているに違いない。

おやおや、また『シンガポール移住計画』の文字が……。

台湾

淡水市

Country Data

正式名称：台湾

Taiwan

人口：約 2,355 万人

面積：3 万 6,000km²（九州よりやや小さい）

主要都市：台北，台中，高雄

言語：中国語，台湾語，客家語等

宗教：仏教，道教，キリスト教

通貨：新台湾ドル（NT$）

出典：外務省　国・地域基礎データ

亜美さん一家

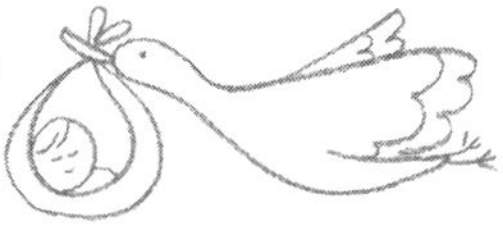

パパ（アメリカ国）
ジェイさん

ママ
亜美さん

長男
アレックスくん

2014年　台湾生まれ

3330g／減痛分娩

出産した病院 ● 淡水市にある総合病院

保険会社 ● ダンナさんが会社で加入している保険

ママの年齢 ● 32歳

長女
エマちゃん

2017年　日本生まれ

3224g／自然分娩

ママの年齢 ● 35歳

この国で出産することになった いきさつや、夫婦のなれそめなど

日本にある外資系レストランの元同僚というお二人。当時、あまり英語が得意ではなかった亜美さんに、カリフォルニア育ちのジェイさんが陽気に話しかけてきた。その明るさが魅力だったという。ジェイさんの仕事の都合で台湾へ移住し、長男アレックスくんを出産。エマちゃんを出産した時もジェイさんのいつものジョークで、痛いながらも意外にも和やかなお産になり、ホッとしたとか。

お次は
台湾在住 亜美さんです
台北から ニーハオマー
現在は だんなさまの ジェイさんと 長男の アレックスくん 長女の エマちゃんと 四人暮らし
長男の 出産時に こーんな 出来事が…
思い出すと笑いが…
プププ…
陣痛がきてから 丸一日(!)が 経過し やっと減痛分娩の 注射を打たれて さらに もう一日(!)――
二日がかりの難産だったそうです
ついにやって参りました! 出産の瞬間《とき》――
ジェイさん そりゃもう 大慌て!
準備バッチリ
ぼうしもかぶって
病衣も着たし
いたい〜ッ
一回経ってるし もう一本打つか…
う〜ん
お願いですから 麻酔もう一本 打って!
ところがどっこい まだまだ出てこない…
アレックスくんてばシャイなんだから〜
こうなったら 奥の手を 使っちゃおう
じゃーん 吸引器!

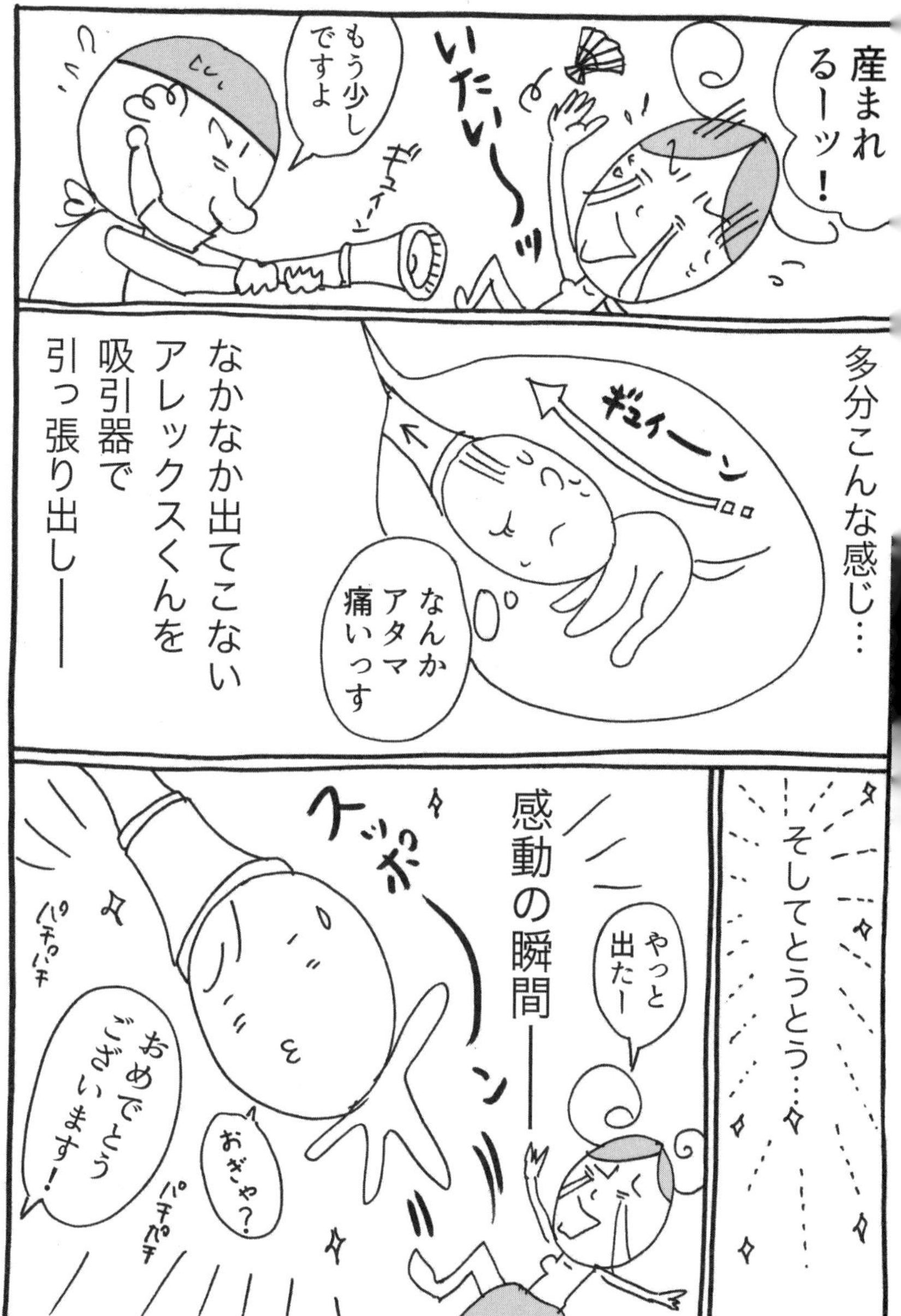
産まれるーッ！
いたい〜ッ
もう少しですよ
ギュイーン
多分こんな感じ…
ギュイーン
なんかアタマ痛いっす
なかなか出てこないアレックスくんを吸引器で引っ張り出し——
そしてとうとう…
感動の瞬間——
やっと出たー
スッポーン
おぎゃ？
おめでとうございます！
パチパチ
パチパチ

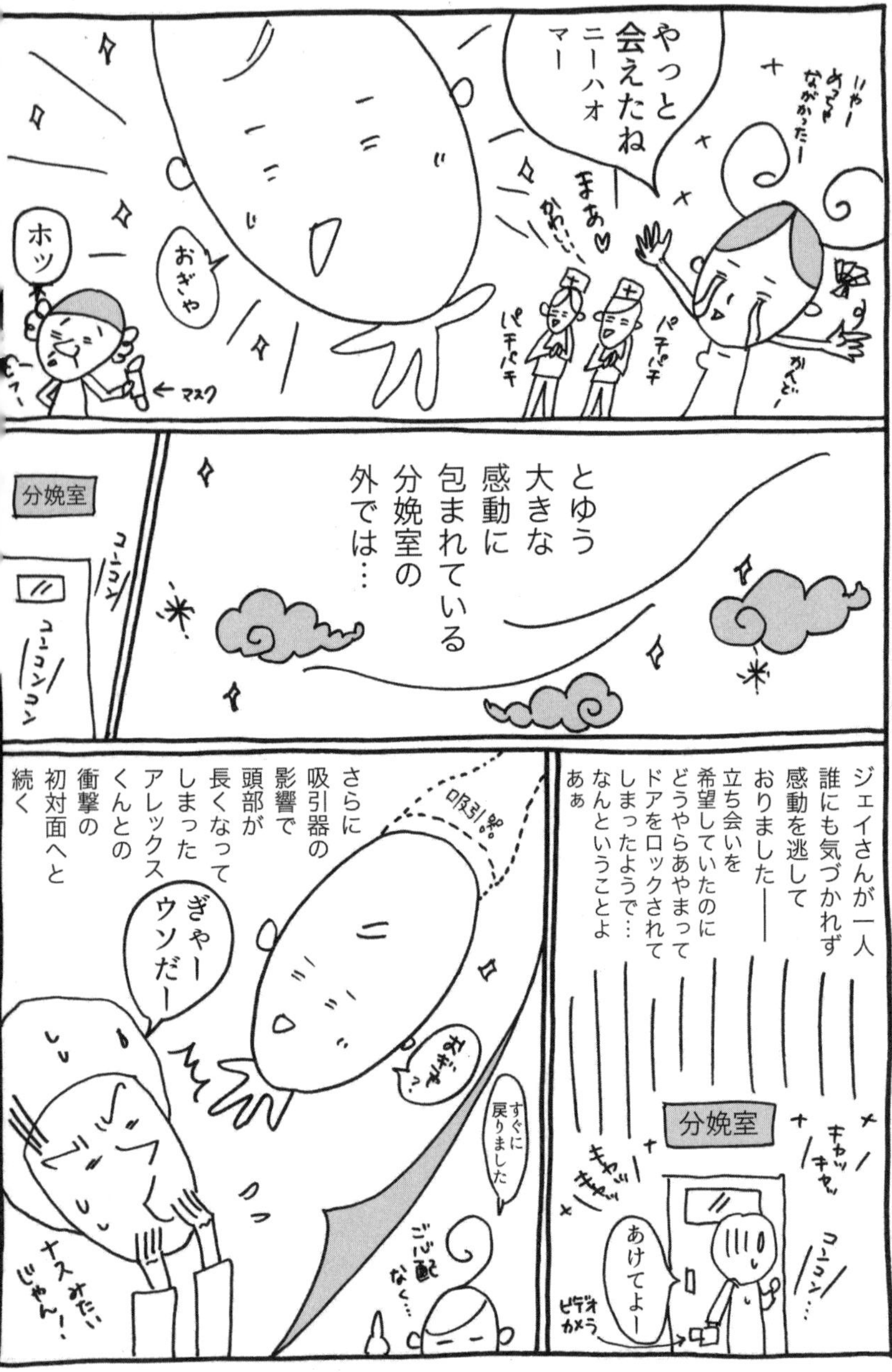

いや〜めっちゃながかったー
やっと会えたねニーハオマー
まあ♡かわいい…
パチパチ
パチパチ
かんどー
おぎゃ
ホッ
ピィー
マスク
とゆう大きな感動に包まれている分娩室の外では…
分娩室
コンコン
コンコンコンコン
ジェイさんが一人誰にも気づかれず感動を逃しておりました——
立ち会いを希望していたのにどうやらあやまってドアをロックされてしまったようで…なんということよあぁ
分娩室
キャッキャッ
キャッキャッ
あけてよー
コンコン…
ビデオカメラ
さらに吸引器の影響で頭部が長くなってしまったアレックスくんとの衝撃の初対面へと続く
吸引器
ぎゃーウソだー
おぎゃ?
すぐに戻りました
ご心配なく…
ナスみたいじゃん!!

そんなちょっとお茶目なジェイさんが内心ビクビクしていることそれは…
ゲップ
とっても大事ですよね！
ゲップさせといて
ばぶ？
オ…オーケー
さーおいで…
トントン
トントン
トントン
ばぶ
くるぞくるぞ…
ドキドキ
う…う…
トントン
ドキドキ
ゲップと一緒にまるで滝のように吐き出される大量のミルク――
きたーッ
オーマイガーッ
ドピューーッ
げぷ♡
わあ

『坐月子《ズオユエズ》中心』の巻
さて台湾では産後のママ達が集中的にケアする産後ケアセンターその名も『坐月子《ズオユエズ》中心』が大人気です
たいていのママ達は産後三週間～一ヶ月ほどこのセンターに連泊し体調を整えるのが習わしとなっています
大型テレビ
一泊およそ一万円～中には高級ホテル並みの坐月子《ズオユエズ》もあります
リラックス度満点
人気のケアセンターは半年以上の予約待ち、なーんてことも…
キッチン付き
完全個室制
ふかふかベッド
予定日が分かったらソッコー予約ね
坐月子《ズオユエズ》の掟
産後はコレをするべからず！
其の一 洗髪はできるだけ控えるべし
其の二 眼を酷使するべからず
其の三 外出は控えるべし
其の四 身体を冷やす食べ物は禁止
其の五 とにかくリラックス
ヨガクラスありーの
栄養満点で母乳の出を良くする食材&薬膳料理をはじめ母体の検診や小児科の医師も来てくれます
薬膳おやつもあるよ！
マッサージありーの
きもちいー
凝ってますねー

なんと！要するに堂々と食っちゃ寝生活ができるってワケなんですね
ほほー すてきー♡
この『坐月子中心《ズオユエズ》』に宿泊する以外にも
便利な坐月子《ズオユエズ》用デリバリーですよ
栄養満点
まいどありー
宅配おじさん
坐月子《ズオユエズ》専門住み込みのお手伝いさん
ペコリ
ニーハオ
産後の肥立ちを大切にする風習から産後のママ達はこの坐月子《ズオユエズ》関連サービスに結構な大枚を叩くのだそうです
1000元
1000元
1000元
風習ついでにもう一つ
昔から縁起が良いと言われるモノに『龍』がございます
その龍にちなんで台湾で大人気の干支が辰年なんです
その結果帝王切開率が高いのだとか
テレビやラジオでも親切に
『辰年ベビーを授かるにはあと○日ですよ！』と逆算カウントダウンをしてくれるんだとか…
明日の天気は
晴れです
がんばりましょう あ・な・た♡
そうだねハニー…！
辰年の坐月子《ズオユエズ》中心はすぐに予約がいっぱいに

出産は干支で決定！
辰年ベビー最強

祝★出産　さあ大変！　産まれた我が子が集中治療室へ

さて、お次は干支にランク付けしてしまう不思議な国、台湾から。

長男のアレックスくんを出産した亜美さんに話を聞くことができた。

「台湾での出産は減痛分娩でした」

はて？　減痛分娩とは、いったい…？

というワケで早速調べてみたところ、無痛分娩ほど無痛ではないけれど、同じように麻酔をかけて痛みを軽減しながらお産をする方法のようである。

日本では和痛分娩と呼び、どこからどこまでの痛みが無痛分娩で、どこからが減痛分娩または和痛分娩なのかという厳密な定義はないようである。

亜美さんは主治医から「痛みを全部取ってしまうと、逆に出産しにくくなる場合もありますから。少し痛みを残す減痛分娩でいきましょう」との説明を受けたそうだ。無痛分娩と同じく脊髄からの麻酔注射により、痛みを軽減させるという、台湾ではポピュラーな分娩方法の一つらしい。

さて減痛分娩で無事、男児を出産した亜美さんだが、可愛い我が子に黄疸が出てしまい、アレックスくんは急遽ＮＩＣＵ(集中治療室）へ。

幸い大したことはなく、母子ともに一週間後には退院することができた。ちなみに出産したのは台北市から電車で四〇分ほどのところにある新北市淡水区。新しく設備も整った大病院だったため、入院生活自体は快適だったそう。

保険を利用すれば、大部屋の入院費用が無料になるケースも多いらしいので、ぜひとも事前に確認しておきたい。

また自然分娩なら基本的に入院期間は三日まで、帝王切開は一週間と決められているのだが、コレは保険が適用される範囲内での話。延長となると当然、自腹を切ることになる。

自腹といえば、今回のＮＩＣＵ代は日本円で一三万円ほどかかったのだが、実費で自己負担。保険は効かなかったそう。

「ジェイがアメリカ国籍でわたしが日本国籍と、わたしたち夫婦は台湾では外国籍同士の夫婦なんです。息子は台湾で生まれましたが、わたしたち両親が外国籍なので息子も外国籍になるそうなんですよ。とはいえ、わたしはジェイの扶養家族で保険が適用されていましたから、当然息子にも効くものと思っていたのですが、蓋を開けてみたらなんと保険適用外……。ＮＩＣＵのような特殊な治療には保険は使えません、とか言われちゃって」

後から蓋を開けてみてビックリ。

例えばアメリカの場合、両親が外国籍でも子供がアメリカで生まれたら、その時点でその子は自動的にアメリカ国籍を取得できる。ところが台湾の場合、いくら子供が台湾生まれとはいえ、両親のどちらとも台湾国籍ではない場合、その子供は自動的に台湾国籍とはならない。もちろん、後から子供に台湾国籍を取らせることは可能だが、その場合、台湾での兵役義務が生じる可能性もある。

というワケで、このアレックスくんのNICUの件もあり、亜美さん夫婦は次の子の出産は日本にしよう、と決意したという。

とはいえ台湾の出産費用は保険さえ効けば、比較的リーズナブル。

台湾国籍か否か、はたまた加入している保険の内容でも、カバーされる金額はもちろん変わる。

例えば配偶者が台湾国籍の場合、市立病院での一般的な出産費用は約五万円前後、入院費用も大部屋であれば無料、なんと帝王切開まで無料だという話も聞く。

備えあれば憂い無し、というワケで、保険の内容はきちんと確認しておきたい。

「今回の出産にかかった費用は全部でだいたい三〇万円ぐらい。そのうちNICUでは一三万円ほどかかりましたし、減痛分娩だったため、自然分娩よりは少し高くつきました。思いがけず集中治療室に行くことになり驚きましたが、今回はこの程度の自腹出費で済んだので良かった。でも、もしも次の子の出産時にも何かあったとして、出産以外は全て自己負担になるというのは、よくよく考えたら怖いですよね」

たしかによく考えなくても怖いっちゃー怖い。出産は何が起こるか分からないし、ましてや外国ともなると、なんとも不安である。

産後ママに大人気！『坐月子中心《ズオユエズ》』で至れり尽くせり♡

さて、とにもかくにも無事退院した亜美さんが次に向かったのは『坐月子中心《ズオユエズ》』という産後ママのケアセンターだ。

韓国編でも触れているが『産後のケアをしっかりやっておかないと、後で大変なことになりますよ！』という昔からの習慣や風習が、このようなケアセンターに形を変えたようだ。産後のママ達に絶大な人気を誇っている。

出産費自体を安く抑えられる分、台湾のみなさんはどうも、この『坐月子中心《ズオユエズ》』という施設で大枚を叩いているようだ。

韓国同様、一泊一万円、二万円は当たり前の、ホテル並みのケアセンターもあり、人気の施設は予約半年待ちなんてことも……。

この坐月子《ズオユエズ》、台湾では昔からの風習だから、ある意味、産後ママ達の義務なのかもしれない。かくいう亜美さんも一日二万円近くかかる坐月子《ズオユエズ》にしばらくの間、お世話になっていた。

いったい、どんなサービスが受けられるのか、ちょっと興味津々である。

「産後のママ達が身体を休めるケアセンターです。シャンプーはできるだけ控えましょうとか、身体を冷やす食材をやめときましょう的な生活指導があったり、専門のスタッフが二四時間いて、乳児のお世話をしてくれたり。とにかく至れり尽くせりな環境で、リラックスしながら元の状態に体調を整えていきます」

ここでちゃんと身体をリセットしておかないと、老後を含め、後々まで身体に影響を及ぼすから気を付けましょう、という考えに基づいた習わしのようだ。

冒頭のマンガでも少し触れたが、他にも授乳指導などの母親教室があったり、赤ちゃんの沐浴をしてくれたり、一ヶ月近くの長丁場なので、子供を預けてママだけ一旦、家に戻ってもオーケー、なんて施設もあるのだとか。

とにかく資格を持ったスタッフによる徹底管理の元、新生児を看ていてくれるワケで、ママとしては、こんなに心強いことはないだろう。

また既に子供がいる場合、『パパと子供だけ自宅に残して坐月子《ズオユエズ》中心に一ヶ月も滞在できないわ』という家庭には、坐月子《ズオユエズ》専門の宅配サービスがある。ピンキリだが、値段はだいたい一日あたり日本円で一万円前後。一ヶ月でだいたい二〇万円ほどという計算になる。

昔から深く根付いている風習だが、働くママが大半を占める現在の台湾では「重要なのは分かるけど、そこまで料理とかできない」というのが本音のよう。だから産後のママ達は、皆こぞって坐月子《ズオユエズ》中心に駆け込んだり、宅配を利用する。

日本に、このような産後システムがないことに驚く台湾ママ達もいるそう。ぜひ日本にも取り入れたい文化だ。

外国人パパとの子育て

さてさて横須賀出身の亜美さん。どのようにしてカリフォルニア出身のジェイさんと知り合ったのでしょうか。少し突っ込んで話を聞いてみた。

「英語をね。タダで勉強したいと思いまして……。横須賀米軍基地内にある外資系レストランへ入社したのがきっかけなんです」

このレストランのオープニングスタッフとして奮闘していた時に、外国人スタッフとして台湾の支店からヘルプで来ていたのがジェイさんである。

生まれも育ちもアメリカ西海岸だが、その当時、ジェイさんは台湾に移り住んでいた。台湾からヘルプで来てくれていたとはいえ、ジェイさんの母国語は英語。

その頃、まだ英語が話せなかった亜美さんはジェスチャーなどでコミュニケーションを取っていたそうである。

「第一印象はカラッと明るくて朗らか、とっても社交的な人でしたね。西海岸カリフォルニアの陽気さ、そのまんまみたいな印象を受けました。面白い人で、みんなとすぐに打ち解けて仲良く仕事してましたよ」

第一印象はなかなかの好青年だったようである。

仲の良いご夫婦だが、息子アレックスくんを育てるにあたり、教育方針などでカルチャーの違いはないのだろうか。

「今はまだアレックスがやっと三歳ということもあり、夫婦間での教育論の違いについては、そんなに感じないかな。ただ台湾は勉強に熱心なお国柄だ、という印象がありますね。朝から晩まで学校で勉強するのは当たり前だと聞いたことがありますし、教育ママが多いような気がしますよ。特に辰年の子供達が受験シーズン突入ともなると、倍率も跳ね上りますからね。スゴいんじゃないでしょうか」

教育国家における辰年キッズ達の熾烈な競争っぷりがなんとなく想像できる。キッズ以上に親達の方が色々大変だろうけど。

「子育てといえば、台湾では夫婦共働きが多いので、祖父母が子供達の面倒をみる風習があるようです。うちの義理母にも『子供の面倒はわたしたちがみるから、あなたは働いていらっしゃいな』みたいないことを言われましたし。実際、台湾の女性は子供を生んで、すぐに職場復帰するパターンが多いんですよ。でもわたしは日本流に、ちゃんとママの手で子育てしたいと思ったので、仕事を辞めて子育て一本に絞りました。こういうことを義理の両親やダンナさんに理解してもらうのに、ちゃんと説明する必要がありましたね。特に彼らはアメリカで暮らしていた年数も長いですし、出産後も母親が働くのは当たり前だと思っているようなので。そこがカルチャーの違いかもしれませんね」

二世帯住宅や近くに親兄弟が住んでいる場合、みんなで子育てするケースもある。だが日本の文化では母親がメインで子育てをするのが一般的だろう。

「台湾では幼稚園の送り迎えなど、祖父母がやってくれる家族が多いですね。その代わりママは外で働いて稼ぐ、そういう図式が自然に成り立っている社会だと思います。ただ近くに祖父母がいない人達もいるワケで、そんなときはデイケアサービスを利用します。結構高いみたいですけどね」

亜美さんの義理両親は台湾人とはいえ、アメリカ生活もかなり長く、外国人の考え方にもオープンマインドなのだろう。亜美さんの考えにもすんなり賛同してくれたのだとか。

アレックスくんのお披露目という名目で、亜美さんに対して温かく理解のあるジェイさんのご両親をはじめ、親戚一同を集めた食事会を開いた。

「台湾では赤ちゃんが誕生して一ヶ月くらいに、親戚達へのご挨拶を兼ねた食事会を設ける習わしがあるようです。親戚が遠くて集まれない場合、お弁当を郵送することもあるそうですよ」

台湾のファミリーは親戚同士で月一ごはん会を開く人達も多い、と聞いたことがある。情に厚い国民性なのだろうか。親戚が多いと毎回かなりの人数が集まることになり「その中での人付き合いもなかなか大変そうだ」などと、わたしなんかは思ってしまうのだが、新たな家族が増えたとあれば、きっともうお祭り騒ぎに違いない。

そんな人情に厚い国、台湾での子育てについて「台湾は妊婦に優しい国ですよ」と、これまた心温まる答えが返ってきた。

「妊婦には、ほぼ一〇〇%の確率で席を譲ってくれますし、小さな子供連れでも同じように座らせてくれます。日本だと妊婦でも知らんぷりされることもありますからね。日本よりも子育てしやすい環境なんじゃないかな」

今回の取材中に、二人目のお子さんを出産した亜美さん。

日本での里帰り出産を決めた理由はさっきも述べたが、つかの間の日本での時間を満喫できたようだ。日本と台湾、その両方を知っているからこそ出てくる「台湾は子育てしやすい国ですよ」という言葉には、とても説得力がある。

ちなみに日本で産まれた女の子はエマちゃんと名付けられた。初産のアレックスくんの時と比べ、お産はとてもラクだったという。

「リラックスできたからでしょうか。今回は最後にイキむとき以外は、実はあまり痛くなかったんですよ。担当していただいた助産師さんからも『なんだか楽しいお産でしたね』と言われたぐらい」

三分おきに来る陣痛の最中にも、ジェイさんがおかしなことを言い、痛みも忘れて爆笑してしまったとか。

そんな明るい亜美さん一家。笑いのたえない賑やかファミリーは台湾という異国の地で、今日も元気に走り回っていることだろう。

番外編★日本

パパ：ジョンさん（カナダ国籍）
ママ：ミサキさん
長男：ロイくん（二〇〇六年日本生まれ）
三〇五一g／自然分娩／ママの年齢は二九才
出産した病院：日本の個人病院

未知数てんこ盛りの国際結婚

この本は世界の面白出産事情を集めたものだが今回番外編として、一組のカナダ人&日本人カップルをご紹介しようと思う。

一人息子を育てながら国際結婚を楽しんでいるジョンさん&ミサキさん夫妻に話を聞いた。

国際結婚——。

そもそも日本人同士の結婚ですら、互いに未知の世界なのに、国籍も文化も違う者同士が家族になり、一つ屋根の下で暮らすのである。

その未知数もかなりハイレベルだろう。

ジョンさんはバンクーバー出身のカナダ人、現在はＩＴ関連の企業で多忙な日々を送っている。日本へ来て、はや一五年。

さぞかし日本語もペラペラなんでしょうね、と思いきや「いえいえ、全然しゃべれないんですよ」と、妻のミサキさんは苦笑いする。

一家の共通語は日本にいながら毎日英語。愛息子のロイくんは「ダディの英語に日本語で返答する」という器用さまで身につけてしまった。

当然、ミサキさんの親族の集まりでは、常にミサキさんが通訳係という、少々面倒くさいパターンである（失礼！）。

そんなロイくんの出産はミサキさんの実家近くの産院にて。出産日当日、娘の出産にソワソワと落ち着かないお母様と、その隣には妻の出産に駆けつけた夫、ジョンさんの姿があった。

が、しかし……。

「生まれたら、すぐに呼んでね」

と、好きなジャズを聴きながら、すっかり寛いでいたという。

これが日本人パパの場合、カメラ片手にオロオロ……、看護師に「ちょっと邪魔なんですけど」みたいな対応をされるのがオチであり、ジョンさん、なかなかナイスなマイペースっぷりである。マイペースっぷりはまだまだ続く。

お産の痛さもそろそろピークを迎え、ウンウン唸りながら必死に耐えているミサキさんの横で、おもむろに何を話し出すかと思えば、「今日、自分がしたことや、ごはんの話を始めたんですよ」と、これまた苦笑いのミサキさん。当然ながら「こんな時に、それどーでもいいから！」と、とっとと妻に追い払われたのは言うまでもない。

ジョンさんの面目のため、理由を説明すると、「あまりに痛がるわたしを見て、出産以外の話で、奥さんの気持ちを紛らわせてあげようという、彼なりの気配り演出だったらしいですよ」ということだが、悲しいかな、全然ミサキさんには伝わらなかったようだ。

結局、真意を理解されぬまま、あっけなく病室から追い出されたジョンさんは、再びロビーで一人静かに音楽に耳を傾けていたという。

あぁ素晴らしき、マイペースっぷりである。

ロマンチストな夫とベストな家庭を築くには……

仕事を持つ多忙な身のミサキさん。

家に帰れば家事に育児にと追われる日々なのでは、と思っていたら「ジョンが色々と手伝ってくれるので、実は結構助かってるんですよ」

ロイくんがまだ小さい頃のオムツ替えや散歩、サッカーやスケートボードを教えたり。

どうやらお風呂の中では息子とバスルーム一面、バブルだらけにしてしまうらしいが、習い事の送迎や保育園への朝の見送り、家事全般の手伝いなど、できることは何でもやってくれるという。とても頼もしく子煩悩なパパである。

保育園主催の交流会にも積極的に参加するというジョンさん。会場にスイカを丸ごと抱えて持って行ったことも……。

「他の親達は子供がもっと食べやすいオレンジなどを持ってくる中、うちはスイカを丸ごとですからね。その場で切って食べていましたよ」って、なるほど確かにサイズ感の違いは大きい気がする。

さて、そんなジョンさんはロイくんの将来について「できれば日本に留めておきたくない」というのが、どうやら本音のよう。理由は「息子の個性がなくなってしまう気がするから」

外国人から見た日本の子供達は個性を出しにくい環境にいるということだろうか。

「意識して教えたわけではないですが、息子はわりと知らない人にも話しかけるんです。例えば道路工事中の人に『今、何してるんですか?』とか、駅の職員に『電車の椅子の後ろに落としたおもちゃ、取れますか?』とか。こういった些細なことを、臆せずちゃんと訊ねる姿勢は大事なんじゃないかなと」

こういった質問はたしかに結構勇気がいる。「『なんでも聞いてみたい!』というピュアな気持ちと行動力を、大人になっても持ち続けてほしい」と願うミサキさん。

一方、ジョンさんが日本人相手に不思議なのは『なぜ皆、一斉にワーッと喋るのか?』。

欧米では、たとえ子供でも人の会話に割り込むのはマナー違反。夫婦の会話の最中にロイくんが話しかけてこようものなら「今、ママと話してるから、ちょっと待ってて」と、ジョンさんが必ずロイくんを止めるのだとか。

このように子供の躾に関しては「パパの方が厳しいかも」というミサキさん。だが、そこはやはり欧米人。パパ＆ママもいいけれど、たまには恋人同士のような甘い関係を大事にする、ミスターロマンチストでもあるらしい。

記念日には子供を預けて、恋人気分を楽しみ、趣味のジャズを聴きに行ったり、シルク・ド・ソレイユを観に行ったり。共働きで忙しい中、そういった時間はお互い大切にしているそう。

「うちは子供中心の家庭というよりは、大人中心かも。子供は大事。だけど子供に振り回され過ぎないよう自分達の時間も大切にしようね、と」

冒頭にも書いたとおり、一家は国際結婚という未知数てんこ盛りの中、見事にバランスを取りながら、日々の生活を楽しんでいる。

ミサキさんがジョンさん＆ロイくんのことを話す時、その表情はとても柔らかく、こっちまで心がほっこり温まるような気がした。

ヨーロッパ
南米
オセアニア編

無痛分娩や帝王切開が
主流のヨーロッパでは
産後、特に問題がなければ
日帰り出産なんてことも……
アジア圏と比べると
少々スパルタに感じるかも
しれませんね

フランス

クレルモン・フェラン市
ナント市

Country Data

正式名称：フランス共和国
French Republic
人口：約 6,699 万人
面積：54 万 4,000km²
首都：パリ
言語：フランス語
宗教：カトリック、イスラム教、プロテスタント、ユダヤ教
通貨：ユーロ（€）（EUR）

出典：外務省　国・地域基礎データ

マリさん一家

パパ（フランス国籍）
ポールさん

ママ
マリさん

長男
キャランくん
1999 年　日本生まれ
3370g ／自然分娩
ママの年齢 ● 35 歳

次男
ヌガーくん
2001 年　フランス生まれ
2940g ／無痛分娩
出産した病院 ● クレルモン・フェラン市の私立病院
保険会社 ● ダンナさんが会社で加入している保険
ママの年齢 ● 37 歳

長女
ムーちゃん
2002 年　フランス生まれ
2840g ／無痛分娩
出産した病院 ● ナント市の市立病院
保険会社 ● ダンナさんが会社で加入している保険
ママの年齢 ● 38 歳

この国で出産することになった いきさつや、夫婦のなれそめなど

埼玉県出身のマリさんがポールさんと出会ったのは都内某所の貿易会社に勤務していた頃。フランス直輸入の商品があり、そのフランス窓口がポールさんだった。3 人のお子さん含め、家族の会話はフランス語がメイン。フランス移住後はクレルモン・フェラン市、ナント市、パリ、リヨンなどに住み、2007 年に京都へ。

お次はフランスからボンジュール
日本とフランス両方で出産を経験したマリさんに話を伺いました
日本では自然分娩フランスでは無痛分娩でした
長男
キャランくん
日本生まれ
ヌガーくん
次男
ムーちゃん
長女
フランス生まれ
Santé
WINE
フランスでの出産は実に8割以上が無痛分娩ドクターも慣れているしフツーに無痛分娩をオススメされちゃいます
フランス人の気質からするとわざわざ痛みを選択するなんぞありえないらしい…
それでもどうしても自然分娩プリーズ
ゼッタイに自然分娩を希望したい人は←
事前にかなり強調しておきましょう
おねがいしますよードクター
はいはい分かりましたよ自然分娩でいきましょう
信じられんスゴイなー
日本人は痛みに強い人種なのかな
まあまあおちついて…

そんなフランスのブルターニュ地方ナント市で長女を出産した時のお話――
かわいーーッ♡
三人目の我が子よボンジュール
ばぶ!
ムーちゃんです
無痛分娩で無事に産まれた我が子に
元気に育ってね
ばぶ
母乳をあげよう!
としたところ
えーーーッ!
母乳いらない
粉ミルクがあるし
ジャー
母乳
母乳
母乳
ジャー
ジャー
カルチャーショックすぎる出来事でした
みんな母乳捨ててるーーッもったいなーい
うそーん…
ばぶ?
なんと!他のフランス人ママ達全員が粉ミルクをあげておりました(出ないワケじゃないのに…)
ばぶ♡
ばぶ♡
母乳の代わりにコレ!ネッスルの粉ミルク
いっぱい飲みましょ
Nestlé

※イメージ図

最近では母乳の重要性が見直されているようですが…最初はただただもうびっくり！
免疫力アップや抵抗力アップに必要なのに
一説によるとおっぱいの形が崩れるからあえて授乳しない人もいるんだそう
さてそんなフランスで次男を出産した時のことですちょっとした衝撃が…
パチパチ
パチパチ
かわいいぼうやだわ
次男ヌガーくん
ゲー！
ばぶ？
身体に毛が生えてるしかもけっこういっぱい…赤ちゃんゴリラみたいなんですけど…大丈夫？
よくあることですからね
そんなに驚かなくても大丈夫
最初は驚きましたが珍しくないことのようで…産まれた時は産毛が濃くてもほとんどの場合時間の経過とともに自然に抜け落ちていくようです
洋服でこすれたりお風呂で洗っているうちに薄くなり目立たなくなったそうです

痛みをガマンするなんてありえない　〜無痛分娩の国〜
おっぱいの形が大切です。だから母乳は捨てちゃいます

祝★出産　フランスにおける母乳育児は少数派

一九九四年、フランス人のポールさんと結婚したマリさんは、京都で長男キャランくんを出産。その後、一家でフランスのクレルモン・フェラン市に移住。そこで次男ヌガーくんを、さらにナント市で長女ムーちゃんを出産しました。

日本とフランス、両者の出産の違いについて、まずは伺ってみた。

驚いたことにフランスでは産後のママ達が、こぞって母乳を捨てていたという。

「うちの子を含めて六人の新生児がいたのですが、みなさんネッスル社の粉ミルクを哺乳瓶であげていました。『母乳をあげるのは、わたしだけ？』と看護師に聞いたら『フランスでは新生児に母乳をあげないのよ』と、サラッと言われてしまって」

日本のプレママ教室や産院では、母乳の出を良くするマッサージや食べ物の指導は必須課題の一つである。韓国や台湾などでも産後ケアセンターで、しっかりと指導されるのだが、まさか捨ててしまうとは、いやはや……。

「居合わせたママさん曰く、おっぱいの形が崩れるからイヤなんですって」

試しに、ネットで『フランス』『母乳育児』で検索してみたら、やはり『フランスにおける母乳育児は少数』との検索結果が多数でてきた。

最近では母乳の栄養に対して見直されているようだが、母乳が出る出ないに関わらず粉ミルク派は多いらしい。もちろん粉ミルクでも悪くはないが、せっかく出た母乳をあっさり捨てるとはもったいない。お国変われば常識も変わるものだ。

さて、この時の出産は無痛分娩だった。

「フランスには、おそらく自然分娩という選択肢そのものがないんじゃないかと思います。国民性とでもいいますか、痛い思いを少しでもしないよう、そういったリスクはできるだけ排除する傾向があります。ですから日本みたいに『痛いけどガンバレ！』と根性を見せることが美徳だなんて発想はありません。逆に、日本の自然分娩の話を聞いたら本気で引かれてしまうかも。どうしても自然分娩を希望するなら、事前にきちんと話し合わないと、承知してくれないかもしれませんね」

日本での初産、フランスで二度の出産を経験したマリさんにどちらの出産が良かったか聞いてみたところ「断然、フランスの方が楽でしたねぇ」としみじみ。

「第一子は京都で出産したんですけど二日もかかりまして。微弱陣痛が続き、結構辛かったです。その経験に比べるとフランスでの無痛分娩は楽でしたよ」

日本でも無痛分娩は着実に広がりを見せている。が、それと同時に医療ミスのニュースも増えてきている。母子ともに危うい状態になり、最悪の場合、死に至ってしまうケースも……。それでも、これだけ海外で普及している無痛分娩である。今後、日本でも増えていくのではないだろうか。

一日なんと四往復！　子供の送迎で今日もまた日が暮れる

「出産には保険が効いたので、費用は心配しなくて済みました」

というワケで調べてみると国民健康保険に加入していれば、出産費用はほぼカバーされる仕組みのようだ。

無痛分娩や帝王切開もほぼ無料、『ミチュエル』という保険に加入していれば、国民健康保険でカバーしきれなかった分も返金対象になるというから、利用しない手はない。私立や公立といった病院の違いにより、保険でカバーされる額は違うので、まずは確認しておきたいところである。

フランスは少子化が問題となった時期があったため、出産費用や産後ママの職場復帰などに対し、以前に比べ大きく改善されたそう。とはいえ子供の通学時に親が車で送迎するパターンが主流、しかも給食代が高い（一食あたり約一二〇〇円！）こともあり、『ランチは自宅で』が基本。子供を学校から家まで送迎するだけで、一日なんと四往復もするハメに……。

「朝、子供を学校まで車で乗せていくので、まず一往復。つぎにランチタイムのお迎えで二往復。午後二時にまた学校まで送り届けて三往復。最後に午後四時頃、授業後にお迎えに行って四往復と……」

仕事を持つママとしてはなかなかヘビーだ。いやむしろ仕事しながらではムリなのではないか。コレで仕事に集中できたら大したモンだと思う。確実にベビーシッターなどのヘルプが必要なレベルである。

スクールバスなどの送迎手段はあるにはある。だが止まるべきバス停をスルーされ、子供がとぼとぼ歩いて帰ってくるなど、『スクールバスだから安心・安全』とはいかない現状もあるのだとか。

マリさんも三人のお子さんをそれぞれ一日四往復、家から学校へと送り迎えする日々が続いた。しかも全員が同じ方角ではなかったということで、イヤでも車の運転が上手くなりそうな状況である。というか、かなり面倒くさい。

「よくぞ一人で頑張った、マリさん」と思わず、拍手を送りたくなってきた。

国民性？　相手が赤ちゃんでも『わたしはわたし、あなたはあなた』

フランスでの検診は日本と同じく月一回。そのうち三回のエコー検診があり、二回目で性別を知ることができた。

「次男の出産時、なぜか無痛分娩の注射が左半身だけ効かなかったんです。無痛とはいえ意外にも苦しい思いをしました。朝七時頃に病院到着、昼頃出産したのかな」

なぜか左右で麻酔の効き目が違ってしまったマリさん。だが日本での長男の初産に比べれば、その痛みも「全然マシでしたねぇ」と笑う。

出産後の病院で驚いたことの一つに沐浴《もくよく》があるという。沐浴とはベビーバスを使って赤ちゃんの身体を洗うこと。生後間もない乳児は細菌に弱い。大人と同じお風呂に浸かるよりはベビーバスを使った方が安全だし、赤ちゃんを洗いやすいというメリットもある。

「日本で長男の沐浴をした時は、看護師さんが後ろからそーっと耳を押さえて、背中にガーゼをかぶせ、顔や耳にお湯が入らないよう慎重にお湯をかけてあげていたんですよ。ですがその病院では看護師さんが、生まれたての赤ちゃんを抱え、蛇口の下に持っていき、後頭部から一気にジャーッと水をぶっかけてまして。もう、ビックリでしょ。日本から手伝いに駆けつけてくれていた母も、コレには驚いていましたよ。まあ、フランスの病院全部が全部、こんなに雑なやり方ではないと思いますけどね。犬や猫じゃないんだから、まったく！」

　さらに「これも国民性だと思うんですけどね……」と話は続く。

「わたしはもう『かわいい！　かわいい！』って寝る時も一緒にいたいんですけど、フランス人は最初から『あなたはあなた』という、どこか一線引いた感じで赤ちゃんにも接している気がしますね。ですから一緒に寝るなんて、とんでもないことみたい。赤ちゃんでも、子供部屋は用意されていて当たり前ですから」

「いくら泣いても部屋はやっぱり別々ですか」

「ええ。例えば夜八時頃に最後のミルクを飲ませ、オムツを替えたら、あとは子供部屋へ連れて行っちゃう。泣こうがわめこうが、その部屋には入らない。行ってしまうと、それに味をしめて泣くようになるからダメだと教わりましたね」

「なかなかシビアですね。日本だと一緒に寝てるからでしょうか。夜泣きすると、やっぱりあやしてあげるのが一般的ですよね」

「そこんところ、フランス人はわざとほったらかしにしておくんですよ。以前、友人の家に遊びに行った時、二階で寝ていた赤ちゃんが泣き出しちゃったことがあったんです。その場に、七~八人ぐらいの赤ちゃんがいたのかな。泣き声が聞こえてきたから二階へ行き、泣いている子を抱っこして下に連れてきたんですけど、まあ、怒られましてね。こっちもビックリですよ」

アメリカでも子供と大人は別々に寝るのが一般的だから、欧米ではこのスタイルがフツーなのだろうか。しかしながら産まれたての乳児が見えない所で泣いていたら、やはり不安になるのではないだろうか。

このようにお国違えば価値観だって全然違う。アルコールの扱いもその一つ。

「妊婦に黒ビールは良いと聞きましたし、ポールもそう言ってましたね。母乳の出が良くなるからとワインも……。ガブガブ飲んでいたワケじゃないですけどね」

ということで、フランスは少量ならオーケーというのが常識のようである。

夫も姑も子育てには消極的？　異国の地で孤独な子育て

保険適用が可能な三泊四日の後、マリさん母子は退院した。

すでに日本で出産した長男キャランくんもいることから、大騒ぎな、でも楽しい育児の日々が待っていたのかと思いきや「それが、もうほんとに地獄でしてねぇ」と、なぜかテンションが一気に下り坂……。おや？

「孤独との戦いでしたね。元々出張の多かった主人でしたが約五年ほど、単身赴任みたいになっちゃいまして。月曜に出社し、金曜にならないと戻ってこないというすれ違いな日々を送るハメに。ですから異国の地で、ほぼ母子家庭状態になってしまったんですよ。歯磨きするのも忘れるぐらい忙しかったけど、頼れるハズの姑は孫の面倒をみてくれるタイプじゃなく、結局一人で頑張るしかなくて……」

と、遠い目でフランス生活を振り返る。

ちなみにポールさんは誰もが知るフランスを代表する大手企業に勤務しており、その多忙っぷりは想像以上だったと思われる。

「姑は絵を描いたり、お祈りするのが大好きな人で、子育てに熱心なタイプではないんです。主人は五人兄弟ですが、彼の父親も休日に子供達と一緒に遊ぶよりは、自分の友達とテニスやウィンドサーフィンに出かけてしまう人だったみたい」

子供達は子供達で楽しく遊んでいたのだろう。その背景にはフランスの『大人の時間を大切にする国民性』という価値観があるように思うとマリさん。

「子供も大切。だけど夫婦の時間もちゃんと大切にする国民性とでもいうのかな。子供が小さかろうがベビーシッターに頼み、二人で出かける時間を作るカップルは多いですね。なので一時間一〇〇〇円ぐらいかな。近所の学生を呼んできて『今夜、ちょっとベビーシッターしてくれない?』と気軽にお願いできる環境でしたね」

子供に振り回されない家族関係の線引きが、しっかり根付いているのだろう。

フランスで出産するなら語学の習得は必須

さらに「女性でも仕事をしていないと『あなた大丈夫? おかしいんじゃない』的な目で見られてしまうんですよ」と、女性の就業率は結構高い。

日本では貿易会社にいたマリさん。フランスでは外資系企業で働いていた。

「フランスへ来るなら、とにかくフランス語を習得しておいた方が良い。こっちの人はとにかくキツイですから。フツーの人がとことん良い人に見えてくるぐらい。なのでフランス語が分からないと、色んな場面で凹むことになるかも。在仏日本人の中には『水が合わない、言葉も分からない、フランス人も利己的だし、もうイヤ!』とメゲてしまう人も多いと聞きますから」

なるほど、なかなか説得力のある意見である。

「担当医とコミュニケーションを取って仲良くしておくことは大切です。フランス人ドクターの中には英語を話せても、あえてフランス語で接してくる人もいますから。いつ生まれるか分からない中で、少しでも慣れているドクターに担当してもらいたいですが、出産が担当医の勤務時間外だった場合は、別のドクターが取り上げることに。長女の出産は早朝でしたが担当医から『いつ生まれることになっても、キミの子供はわたしが取り上げますから』と言われていたので心強かったですよ」

ここまでの信頼関係を築くには、やはり語学力が必須だと痛感したと言う。

外国人パパとの子育て

「ポールの第一印象は、ニコニコしていて良かったですね。出会った当初から数カ国語を話していましたが、職場で日本担当だったからか、日本語を勉強中で、日本にも興味がある様子でした。今となっては、あの第一印象のニコニコ笑顔はどこへいった？　ってな感じですけど」

と苦笑い。結婚後は京都、クレルモン・フェラン、ナント、パリ、リヨン、そして京都とポールさんの仕事の関係で各地を転々とし、今は横浜に居を構えている。

フランスから日本への移住に伴い、三人のお子さん達に関しては、

「フランスでは地元の学校に通っていました。二〇〇七年に日本に帰国後、二年間京都の学校に通い、二〇〇九年に現在の横浜に引っ越してきました。学校の友達と仲良くやっているみたいです」

フランスでは毎月、ベネッセの通信教育のテキスト「こどもちゃれんじ」を日本のお母様から送ってもらい、子供達の日本語教育に役立てていたという。長男のキャランくんは四歳で既にひらがなやカタカナを習得していた、というからスゴイ。ただし漢字が大変だったとか。

「止めやハネの区別が難しかったみたい。フランスにいた頃から、子供達には日本語で話しかけていたので言葉の問題はなかったと思います」

子育てに関しては消極的だったポールさんだが、

「たまには遠出もしましたよ。休みの日には公園に出かけたり、自然豊かな地域に住んでいた時は家族みんなで自転車で出かけたり……。まあ、普段からもっと子供達とサッカーやキャッチボールなどして欲しかったですけどね。朝が弱いのか、週末はゆっくりと起きてきて、そのまま一日中、パソコンの前にいるような人で」

結構マイペースなポールさん、長男出産時にあまりにも痛がる妻を前にオロオロ、オタオタ……。その痛がりっぷりに自分の妻が死んでしまうんじゃないかと、ポールさんまで倒れそうだったとか。

「本来なら立ち会わない予定でしたが、流れで彼も立ち会わずにはいられなくなってしまい……。促進剤を打っても出てこず、最後は切開して吸引器で引っぱり出すことに。その時、長男の頭の先が吸引器でとんがってしまい、主人もびっくり！」

今となっては笑い話だが、かなりの難産だった様子が伺える。

その後は先述のとおりである。家族五人にも関わらず母子家庭のような状況の中、異国の地で懸命に育児と仕事を両立させてきた。いやはや海外で頑張る日本人ママの鏡のような人である。

「大変は大変なんですけど、色々とコツがあるんですよ。たとえばスーパーでは子供を静かにさせておくために、バゲットを一つ与えておくんです。八〇円ぐらいの一番安いやつ。お会計前ですけど、みなさん黙認してくれます。もちろんお会計の時にはお支払いしますよ。日本だと購入前のパンを店内で食べさせたら怒られてしまうけど、フランスではみんなやっちゃってますね。また三人も子供がいたので、保育所のおばちゃん達が色々と便宜を計ってくれて助かりましたよ」

毎日がめまぐるしく、怒濤のごとく過ぎていく中、物事というのはどうにかこうにか、案外うまくやりくりできるものだとマリさんは言う。

そんな、しなやかな芯の強さもめげなかった理由だと思うが、その他にもやはり『語学力』は強みだろう。その国の文化や歴史に触れると、その国の特徴は見えてくるが、そこに語学力が加われば、さらに一歩踏み込んでいくことができる。

その国の国民性として外国人に対し、わりと寛大でオープンマインドな国もあるが、フランスはどうやらそうでもなさそうだ（おそらく例外もあるだろうけど）。

フランスの魅力を存分に味わいながら、子育てを楽しむためにはフランス語をある程度マスターしていくことは必須だろう。他の国にもいえることだが、特にフランスに関しては強く思った。

ブラジル

ポルト・アレグレ市

Country Data

正式名称：ブラジル連邦共和国
Federative Republic of Brazil
人口：約2億784万人
面積：851万2,000km²（日本の22.5倍）
首都：ブラジリア
言語：ポルトガル語
宗教：カトリック約65%、プロテスタント約22%、無宗教8%
通貨：レアル（BRL）

出典：外務省　国・地域基礎データ

典子さん一家

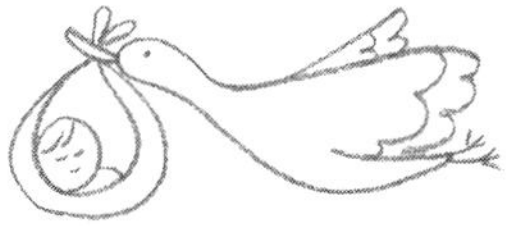

パパ（カナダ国籍）
トニーさん

ママ
典子さん

双子の長男
マイクくん
2100g ／帝王切開
2015 年　ブラジル生まれ
出産した病院 ● ポルト・
アレグレ市内の私立総合病院
保険会社：Unimed（民間の保険会社）
ママの年齢 ● 33 歳

双子の次男
ギャビーくん
1700g ／帝王切開

この国で出産することになった いきさつや、夫婦のなれそめなど

アメリカ留学中に出会った２人。研究者であるトニーさんは『終身雇用の職場環境で、とにかく研究に没頭したい！』と、好条件でオファーされたブラジル行きを希望。「先進国の方がいい」という典子さんを必死に説き伏せ、とうとうブラジル移住が決定してしまったという。

サッカー王国ブラジルからオラ！
ポルト・アレグレ市で双子の男の子を出産した典子です
天使の寝顔だわ…
Zzz
Zzz
マイクくん
ギャビーくん
サンバの国からオラ！
ピーピピー
サンバの国の豆知識①
ブラジルでは出産費用とは別に
ドクターに謝礼を渡す習慣があるそうです
ドクターを指名した時だけ用意すればいいみたい
キラーン
ドーン
ポルト・アレグレはロナウジーニョの出身地って知ってた？
無事に出産を終えた後に
ドクターに直接現金を手渡すか送金します
相場はだいたい日本円で一〇万円也
日本にはない風習ですね！
サンバの国の豆知識②
そんなブラジルで気を付けたいことの一つに
葉酸の量があります
妊婦さんの必須アイテム
葉酸
サプリメント
日本の推奨量の約二倍を摂るよう指示されていたんです
なんと！
多過ぎ？

日本で推奨される摂取量は約五〇〇μgですが
パクッ
ブラジルではその倍の約一〇〇〇μgも摂るように指導されました
ゲッ
2倍?
不安になった典子さんとりあえず調べてみたところ…
チーム先進国
500μg
マイクログラム
日本
カナダ
アメリカ
VS
1000μg
マイクログラム
チーム新興国
ブラジル
インド
まあ先進国と新興国で分けるのもアレですが
とりあえずわたしは日本人なので五〇〇μgにしておきました
NIPPON
ブラジルに限らずサプリメントや薬の量は海外では注意した方が良いかも
ふむふむ
サンバの国の豆知識③
とにかく
イケメンが多い!
オラ
まあ
足なが
オラ
モデルみたーい
結構目の保養になってます
オラ
ウフフ
オラ

などという
ジョーダン
はさておき
毎日毎日育児に追われて
オムツ替えてよ
しまった！トイレブラシでお風呂の中洗っちゃった！まいっか…
トイレブラシ
走り回っております
ミルクくれー
イケメンどころじゃございません
ちなみにこちらがダンナのトニーさん
今でこそ子煩悩なパパですが
ミルクでちゅよ
もういらん
出会いはなかなかロマンチック
チアーズ
アメリカの留学生時代研究者達の集まるパーティで
I See!
ちんぷんかんぷん〜
ダメだ全然わからん
もう飲んでしまえ
みんなが何やら小難しい話をしていた時――
ありますよねたまに居心地の悪い飲み会とか…
わかるわ〜…
声をかけてきたのがトニーさんでした
一緒に飲みませんか？
助かった〜
ええ喜んで…

そんなときめいた日々は何処へ——今となっては
ベロベロバー
うわーん
なんか手伝うことある？
うまい
ゴクゴク
ひゃー時間がない——ッ
あれもしなきゃ
これもしなきゃ
ん？
今なんか手伝うとか言った？
言った
じゃー子供達の爪切っといて～
わるいねー
などと頼もうものなら——
やだよームリムリ
やったことないもーん
初めての子育てでやったことないからムリって…
通用すると思ってんのか——ッ！
はあ？
頑張れトニーさん
←飛び散るシュラスコ
ひえ～
日本のお家芸ちゃぶ台返しッ！

海外あるある編
今回の出産で使ったのは現地の民間保険『Unimed』
こっちではメジャーな保険の一つです
ばぶ
ばぶ
たしかに保険内容はしっかりしてましたよ ただし——
肝心の名前が間違っとる——ッ!
コレじゃ使えないっつーの
NORAKO
にゃ?
ノラコだって
プププ…
とにかく急いでミススペルの訂正を依頼したのですが…
ノラコじゃなくてノリコよノリコ!
ノラネコじゃないんだから全く…
だからノラネコじゃないっつーの
保険の契約書
NORAKO
またしてもミススペルの書類を送ってきおった…
しかも同じ間違い…
にゃ
海外あるある編
おめでたが分かり初めての検診でクリニックを訪れた二人
もいっちょ
オラ
オラ
オラ…
そこで待っていたのは——

あろうことか
汚爪ドクター
おえ…
爪の中が黒いし…汚な過ぎる
拡大図
キョーレツ…
カルテを拝見しましたよ
ふんぞり返り〜
早く仕事が終わらないかな…
しかも態度が横柄でヤル気が全くなさそう…
こりゃアカン
検診後はスタコラサッサと自分の愛車の元へ
OHMYCAR
納得…
そりゃ爪の中も真っ黒になるわ
『お客様は神様』だと教えられた国からくるとこういう
ありえん
みたいなことは海外では多々ありますが…
これはさすがにアカンでしょー
こんな手で触診とかされた日にゃ…
その後友人のツテで素晴らしいドクターに出会えた二人――
ほっ
なんと!
双子分娩専門だったこともあり安心して出産の日を迎えることができました
めでたしめでたし
良かったねボク達…
むにゃむにゃ

汚爪ドクター、葉酸は日本の基準値の倍！でもイケメンが多いから許してしまう

祝★出産 保険適用を阻む壁、定住期間が短過ぎると適用外……？

二〇一五年にブラジルで双子の男児を出産した典子さんに話を伺った。

日本での里帰り出産も考えたというが、

「既に生活の拠点を海外に移していたこともあって『今、日本へ帰国して年金や社会保険をまた払い出したとしても出産育児一時金は出ませんよ』と役所の人に言われてしまって。双子を妊娠中に、日本までの長旅も大変ですし、ブラジルの医療技術だって遅れているわけじゃありませんから、ブラジルで出産することにしたんです」

ちなみに双子なので、日本での出産育児一時金は約八四万円と結構な額と

なる。三つ子なら約一二六万円（！）らしい。いやはや、日本の少子化問題が大きく浮き彫りにされた金額である。

ブラジルには日本のような出産育児一時金制度はない。既に加入していた民間の保険会社『Ｕｎｉｍｅｄ』で出産費用を軽減することができた。

「夫の実家がある、カナダのモントリオールでの出産も考えましたが、結婚後、わたしが一定期間モントリオールに住んでいなかったというのがネックで、保険は効かないと言われてしまいました」

なにやら保険適用にも色々と複雑なルールがあるようで……。

「モントリオールでの自腹出産は平均二〇〇万円近くもかかるらしいんです」

なんとまあ、お高い……。

「夫の友人がまさに、わたしたちと同じような境遇で外国から奥様を迎えて、モントリオールでの出産となったんですけど、奥様の定住期間が短過ぎて保険は適用外に……。全額負担になるから少しでもリーズナブルな病院を探した結果、どうにか一〇〇万円ほどに押さえることが出来たらしいんですけど」

出産後には飛ぶようにお金が出ていく。ましてや典子さんのお宅は双子である。セーブできるものなら、そりゃ出産費用だってセーブしたい。

そんなワケで、ご主人の仕事の都合で移り住んだブラジルでの出産を決意した。ブラジルでは、

「まず検診先を選び、そこから出産用の私立総合病院を紹介されました。検診時には自宅からポルト・アレグレ市内にある検診オフィスに通い、出産時には、同じ市内にある病院へと向かいました。当時住んでいたノヴォアンブルゴ市からポルト・アレグレ市までは電車で一時間ほどかかりました」

ちなみに検診ドクター選びの決め手は、トニーさんの同僚の知人で信頼できる医師だったこと、更に幸運なことに双子分娩の専門医だったことである。

とんでもなく二度手間なエコー検査と産前検診

典子さん一家が加入していた保険では、

「一回の検診代は約三〇レアル～六〇レアル（日本円で一五〇〇円～三〇〇〇円）で、そのうち何割かが保険でカバーされました。それからエコー用のオフィスと検診オフィスが別の施設だったので、日本のようにエコーで子宮を確認しながら説明するような検診ではなかったです。まずエコー技師のオフィスでエコーを撮ってもらい、赤ちゃんの状態を報告書に記入してもらいます。次に検診ドクターの予約を別途で取り、後日、そのエコー技師からの報告書を持って、検診オフィスを訪ねるというシステムでした。そこで検診ドクターが報告書を読み、さらには膣内検診を経て、改めて赤ちゃんの状態を教えてくれます。必要な薬の処方箋をもらったり、生活面でのアドバイスも受けたりしましたが、これって日本だと一ヵ所で済む検査内容ですよね」

って、とんでもなく二度手間なのである。

出産日は突然に……

「たしか三五週目と三日にあたる八月一七日、いつもの検診のためにクリニックへ行ったんです。それまで経過も順調でしたので、まさかこの日に出産になるなんて思いもよらず……。どちらかといえば、お目当ては検診よりもクリニックのそばにある、美味しいシュラスコ多国籍料理でした」

と苦笑い。シュラスコとはブラジルや南アメリカの肉料理のことで『鉄串に刺した肉に塩を振り、炭火で焼いた料理』のこと。めちゃくちゃ美味しそうだが、塩加減を間違えると、ただのおおざっぱな塩辛い肉料理になってしまいそうな一品である。

　検診が午前中だったので、お目当てのレストランはさておき、まずは検診クリニックへ。すると、ここで思いも寄らぬドクターからの一言が発せられた。

「思っていたより、お腹が大きくなっていないとのことで『念のため、これからエコーを撮ってきてください』と。そこで『双子は両方とも元気だけど、片方にあまり栄養がいっていないかも』と告げられまして……」

　衝撃の診断に美味しいシュラスコどころではなくなってしまった。

「エコー技師の報告を受け、検診ドクターからも元気な今のうちに双子を取り出そうと提案されました。『体外から栄養を与えることで栄養不足のリスクを回避できますから』と。その日のうちに帝王切開という流れになったんです」

　このビックリな展開に、意外にも冷静だったという典子さん。

「『思っていた以上に早く来たな』と案外すんなり覚悟を決めましたが、主人は『えぇ！』と、かなり本気で驚いていました。既に入院の準備はしてあったのですが、持ってきていなかったですし。ドクターから『オペは今夜八時スタートです。帝王切開の前は六時間、食事も水も一切禁止ですから、今のうちにガッツリ食べてきちゃってください』と言われ、例の美味しいシュラスコ多国籍料理レストランへ直行しました。で、二人とも気持ちを切り替え、『さあ、栄養を付けるぞ！』と思う存分、ランチをたらふく食べました」

　その後、病院へ戻り、胎児の心音などのチェックを済ませ、三時間遅れの夜一一時過ぎに、ようやくオペ開始となった。

麻酔を打たれ、少しずつ下半身が鈍いような熱いような感覚に陥り、「それは麻酔が効いている証拠ですよ」と説明を受けたという。

「『よし、麻酔が効き始めたから、もう大丈夫だ』とでも思われたのでしょうね。いきなり尿管を通されたんですが、とんでもない激痛が走り、もうビックリしましたよ！」

なるほど麻酔を打っても尿管は痛いらしい。

「その後、お腹を切開しオペが始まりました。夫も立ち会っての出産です。それまで検診してくれていた優しい笑顔のドクターはどこへやら。かなり慣れた手つきでサクサクと手術を進めてくれて、この時、初めて『へえ！　このドクター、こんなにカッコよかったんだ！』と見直しちゃいましたね」

なにやら少し余裕すら感じられる帝王切開の現場である。が、しかし……

「しばらくすると、呼吸が苦しくなってきて、息ができない状態に……。何度か『I cannot breathe!!』と訴えたのですが、その度にスタッフ達からは『大丈夫！　そのうち楽に息できるようになるから』と、あっさりスルー。遠のいていく意識の中で、とにかく力を振り絞り『さ、酸素を……くださ……い』と、言ったのを覚えています。ようやく口元に酸素が運ばれ、やっと目が覚めました。その後、第一子、第二子と無事に取り出され、その都度、わたしの胸に乗せてもらえた時は正直、ホッとしましたね」

　産まれたてホヤホヤの双子達を一人ずつ胸の上に乗せられ、感動のご対面の後、第二子だけ集中治療室へと運ばれた。

「その第二子ですが、泣きながらお腹から出てきたので、思わず声をかけたんです。するとピタッと泣きやんでくれて。『わたしの声が分かるの？』と、とても感動した瞬間でしたね」

　いつもはお腹の中で聞いていたママの声が、すぐ近くで聞こえたから、きっと嬉しかったのだろう。

超激痛の中、術後一二時間でシャワー

術後は第一子と共に別室へとベッドごと移された。カーテンで仕切られた室内には、既に出産を終えたママ達が八名ほど、ベッドに寝かされていた。

その間、トニーさんは入院セットを取りに一旦自宅へ戻り、典子さんは生まれたばかりのマイクくんと病室でひたすら休んでいた。

「吐き気がヒドくて、もう大変！　途中で看護師さんがタオルを交換しに来てくれたのですが、こんなに出血しちゃって大丈夫？　と目を疑うほどの大量出血でびっくり。タオルが血で重くなっていましたから」

オペ中は酸欠の危機に見舞われ、産後には大出血、さらにはヒドい吐き気もなんのその、数時間後には『経過は良好ですね』と担当ドクターから太鼓判を押され、典子さん母子は晴れて二人部屋へと移された。

ブラジルでは帝王切開後、だいたい二泊三日の入院生活が待っている。

ポルトガル語が話せない典子さんだが、トニーさんも一緒に病院に宿泊し

ていたため、特に不便は感じなかった。

「一日三食とおやつが二食、病室まで運ばれてきました。好みまで考慮されていたようで、苦手な料理がほとんどなくて助かりました。トニーは院内のカフェを利用してましたね。身体が痛過ぎて動けなかったので、食事用トレーを膝の上に乗せてもらって食べてました」

術後十二時間が経過した翌日昼過ぎのことである。看護師から『シャワーを浴びるように』と言われ、とにかく激痛に耐えながら、ミリ単位でゆっくりゆっくり動き、やっとのことでベッドから降りたという。

ちなみに、この病室にいたのは典子さん夫婦と、若い女性夫婦の計四人だった。少数でアットホームな雰囲気だったからか、結構リラックスできたそう。

その快適な病室では看護師から授乳や入浴について、連日指導を受けた。

このような手厚いケアのお蔭もあってか、院内での産後を順調に過ごした典子さんとマイクくんだったが、一七〇〇gで生まれたギャビーくんに関しては、二〇〇〇gになるまで退院させることはできないと言われ、その後、一週間程ＮＩＣＵ（集中治療室）のお世話になった。今は二人とも元気にスクスクと育っている。

今なお根強く残る格差社会。そんなブラジルでの病院選びの極意とは？

ブラジルでの病院選びで押さえておいた方が良いことについて、「できれば私立病院を選ぶこと、良いドクターを選ぶこと。この二点はもう鉄則ですね。ブラジルには貧富の差があり、格差が根強く残っているように感じます。なので病院も本当にピンからキリまで、レベルも様々です。間違った病院選びで辛い出産にならないよう、事前のリサーチはしっかりすべきでしょうね」

マンガでも紹介したが、最初の検診ではオーマイガッドな汚爪ドクターに当たってしまった典子さん夫妻。だが結果的には満足のいく検診医や病院を選べて良かったと改めて胸を撫で下ろす。

ちなみに、今回の私立総合病院での総額は約二万レアル（日本円で約七〇万円）。内訳としては診察費用にエコー代、血液検査に尿検査が計四〜五回程度、一週間の入院費に、ドクターへの謝礼などが含まれる。

家族四人で一緒に入院し、トニーさんと典子さんは同じベッドを使用し、マイクくんは夫婦の側に置かれたベビーベッドで寝かされていた。

さらにトニーさんは一日三食分の食券を病院から渡され、院内のカフェにあるバイキングで食事をしていた。この家族四人での一週間分の滞在費含め、トニーさんの院内での食事まで保険できっちりカバーされたそう。

外国人パパとの子育て

典子さん夫妻が出会ったのはアメリカ。その後、トニーさんの仕事の都合でブラジルに居を構えることに。研究者として大学に就職した際、赴任先のチョイスの中から、トニーさんが選んだ国がブラジルだった。

ちなみにブラジルでは安全面を理由に、小さな子供をあまり外で遊ばせることはしないそうで、二歳から幼稚園に入れる家庭も多い。

トニーさんとは国際結婚になるワケだが、特に教育方針でぶつかることもなく、日々育児に追われる毎日を送っている。一家が暮らすブラジル南部の都市、ポルト・アレグレ市。近郊のイボチ市に日本語学校や日本人のコミュニティがある。

典子さん一家も、ゆくゆくは、その日本語学校に通わせるつもりなのだとか。

「イボチに住む日本人が手作り豆腐や納豆を売っているのですが、これがまた美味しいんですよ！　昔ながらの製法らしいです。この国のレストランは、塩味がきつくて、何を食べても、なんだかしょっぱ過ぎて、全然美味しくないんですよ」

ブラジルの人達は『塩分控えめは健康への第一歩』というのを知らないのだろうか。

サッカーが強いだけじゃない。イケメン王国ブラジル

妊婦に対し、ブラジル人はとても優しかったそうだ。

「バスの座席は必ず譲ってもらえますし、レジでは並ばなくても、優先的に会計をしてくれます。さらにトニーの教え子達がみんなでカンパし合って大量のオムツをプレゼントしてくれたんです。働きながら大学生をしている人達も多いので、とても嬉しかったです」

他にも移民の国であるブラジルは新参者に対して、色々と手助けしてくれる人が多いのだとか。だが典子さんが最も気に入っている点、それは『とにかくイケメンが多いこと！』。

「ドイツ系移民が多いからか、長身でカッコイイ男性がとにかく多いんですよ」

なんでも『この人モデルか？　俳優か？』的なレベルの高さなのだとか。

次の海外旅行はブラジルにしようかなどと、ふと思ってしまった。

さて、塩分とイケメンの多い国ブラジルにも、もちろん離乳食は売られて

いるが、典子さんは極力手作りしている。

「トニーが生まれたカナダでも離乳食は豊富で、彼の妹もいつも子供にはジャーフードを与えていたそうです。なので、わたしが手作りの一〇倍粥や野菜などの離乳食を息子達に食べさせていることにとっても驚いていました。どうやらかなり高尚なことのように捉えてくれているみたいなんですよ」

ちなみにジャーフードとは、市販されている瓶詰めのベビーフードのこと。ブロッコリーなどの野菜系をはじめ、肉系やフルーツ系など種類が豊富で保存も効くので、忙しくてフードを手作りできない時には重宝するのだとか。

そういった便利なフードが手軽に入手できるにも関わらず、ちゃんと手作りするママはエライ。典子さんは一週間分まとめて作ったものを、製氷皿に入れて凍らせておき、必要な分だけチンして食べさせるという。この効率的な裏技を見たトニーさんからは「なんてクリエイティブな製氷皿の使い方なんだ」と大絶賛だったそう。

日本から一万七〇〇〇キロ以上も離れたブラジルの都市、ポルト・アレグレ。かの有名なサッカー選手、ロナウジーニョことロナウド・デ・アシス・モレイラとロベルト・デ・アシス・モレイラ兄弟の出身地でもある。

ポルトガル語で『陽気な港』を意味するこの街で、幼い頃のロナウジーニョ兄弟は夢中でサッカーボールを追いかけていたに違いない。そして今なお将来を夢みるサッカー少年たちが、そこかしこで日夜しのぎを削っている。

そんなブラジルを代表する港町で、典子さん一家は今日もまた慌ただしくも楽しい毎日を送っている。

公用語がポルトガル語のブラジルで、日本語と英語が賑やかに飛び交う典子さん一家は、まさにインターナショナル・ファミリーの代表といえるだろう。

そんな超インターナショナルな環境で、カナダ人の優しい夫トニーさんや可愛いマイクくん&ギャビーくん兄弟と仲良く、これからも驚きと発見に満ちた冒険を続けていくのだろう。

オーストラリア

ブリスベン郊外

Country Data

正式名称：オーストラリア連邦
Australia
人口：約 2,413 万 人
面積：769 万 2,024km²（日本の約 20 倍）
首都：キャンベラ
言語：英語
宗教：キリスト教 61%、無宗教 22%
通貨：豪州ドル（AUD）

出典：外務省　国・地域基礎データ

り子さん一家

パパ（オーストラリア国籍）
ペイさん

ママ
り子さん

長女
チュビちゃん
2002年　日本生まれ
2475g／帝王切開
ママの年齢 ● 26歳

次女
タンタンちゃん
2008年　オーストラリア生まれ
2090g／帝王切開
出産した病院 ● オーストラリア（ブリスベン郊外）の 私立病院
ママの年齢 ● 31歳

長男
ロン太くん
2013年　オーストラリア生まれ
2670g／帝王切開
出産した病院 ● オーストラリア（ブリスベン郊外）の私立病院
ママの年齢 ● 36歳

この国で出産することになったいきさつや、夫婦のなれそめなど

知り合ったのは日本。り子さんの実家近くにペイさんが単身で住んでいたことがきっかけ。共通の友人達との飲み会で話しかけたところ、さーっとどこかへ行ってしまって驚いたとか。見た目が日本人なので全然気づかなかったが、後で聞いたところ、まだ日本語に不慣れだったから、だとか。

日本とオーストラリアで三度の出産をしたり子さん
三回とも帝王切開でした
長女チュピちゃん
次女タンタンちゃん
長男ロン太くん
大変な出産の最中にハラワタ煮えくり返るエピソードが…
プン
やらかしたのはダンナのペイさん
怒られちゃいました
時は二〇〇八年第二子出産のめでたい日――
ぴゅ
部分麻酔を打たれいよいよ出産を間近に控えた妻をよそに――
緊張するわー
昨日見たテレビの話題なんぞに大笑いしながらペイさん登場
ははは
ウケる～
どうぞ早く入って
ドクター
がんばってハニー！ボクがヘソの尾を切ってあげるからね
分娩室に入ってくるなりゴキゲン――
シャキーン
その後カメラ片手に実況中継がスタート
感動の瞬間がやって参りましたッ
カシャ
カシャ
待望の二人目の…
カシャ
登場です！
あともう少し！
カシャ
カシャ
ひたすら実況中継――
そんなペイさんに対し――
人の内臓勝手に激写すんじゃねーッ！
とりゃーッ
と叫びたかったのですが――

なんとッ
妊婦のご乱心じゃーッ
おとどまりを～!
姫～
ドクター
ええい!許さぬ!
さっきから調子こいてカシャカシャと!
Oh! No!
妊婦がとうとう乱心かーッ!と思われるのもなんとなくシャクなのでここはひたすらガマン
ムキー
ところが赤ちゃんが出てくるや——
今から我が子のヘソの尾を切りたいと思いまーす
写真よろしくね
…
ばぶ?
り子さんの足
赤ちゃんの体重測定や身体を洗ってもらった後も——
初のスリーショットだね
ハイチーズ
ばぶ
あのね
またしても三人で記念撮影——
でも日本での帝王切開こんなに早く抱っこさせてもらえなかったもんなぁ
感動だわー
もう一枚写真おねがい
ばぶぶ
り子さんが感動に浸りペイさんが撮影三昧中——その頃り子さんのお腹は
ドクター達がまだちくちくと縫合中でした
気楽なもんじゃ
はいはい…
出産で大変な妻を目の前にこの撮影三昧の浮かれよう…
みなさんどー思います?
第三子出産の時には——
立ち会い出産の掟
其の一 私語禁止!
其の二 出産中の撮影は禁止!
其の三 撮影は赤ちゃんをお腹の上にもらってから!
というルールの元立ち会いを許可しました
認

嵐の(?)立ち会い出産は過ぎ病室に戻りホッと一息ついていると
ぬーぬー なんでおこってんの??
ダンナのあたま
プイ
ベツにー
ランチがきました
アップルジュース
コーヒー
アイスクリーム
鳥の唐揚げ(レモンソースがけ)
サラダ
フライドポテト
どどーーーんッ
多い…
ナイフ持てないから食べさせて~
はいアーン
そのフライドポテトのおいしかったこと♡
結局帝王切開後にも関わらず
サラダ以外はほぼ完食♡
唯一残したサラダ
ボクも鳥の唐揚げ食べたかった
ペイさん残念そう
一人もさもさと残ったサラダを食べておりました
うまい。。
もさもさ
ちなみに日本では帝王切開の後に出された食事は
おかゆだけ
チーーン
それすら痛過ぎてほとんど食べられなかった…
さて時は少しだけ過ぎ――
April
May
June
ひゅるるる
ママ友との楽しいおしゃべりの最中にオムツ替えをしていた時のことであります
はいはい良い子にしててねー
ばぶ
ちょっとした事件がーッ

突然ママ友がハッと息を飲んだのに気づきました
ハッ
も、もしや……
見てはイケナイものを見ちゃったかも…
それはタンタンちゃんの背中やお尻に青々と広がる蒙古斑
ギロッ
まさか幼児虐待……
ちゅうちゅう…
んまあ…
ばぶ
実はペイさんはモンゴル系の血筋が強い家系で
そもそも蒙古斑が多く出るDNAなのですがそれを知らない現地のママ友は大ショック
ガーン
どうしよう…見て見ぬフリはダメよね
アジア人の子供なら結構あるアザなのよコレ
あのね、床におとしたわけじゃないのよけっして……
必死に説明するハメに——
それ以降オムツ替えの前には必ず説明することにしました
え～と蒙古斑っていってね…
実は病院でも蒙古斑を知らなかった若いナースがパニクってしまい…
ばぶ?
こっこれは……
先輩ナースに蒙古斑について教えてもらっていました
せんぱーい
アジア人に特有の蒙古斑よ
珍しくないのよ
大丈夫!
先輩ナース

国もデカイが妊婦もデカイ？『おおらか出産』は太り過ぎにご用心

祝★出産　産院のチョイスはほとんどなし、と心得ておきましょう

お次は『世界で最も住みたい国ランキング』で常に上位を誇る、オーストラリアで、り子さんに話を伺った。

豊かな緑が生い茂り、別名『ガーデンシティ』と呼ばれるオーストラリアは歴史的建造物とモダンな雰囲気が見事にミックスされた国だ。

医療水準は先進国の中でもトップクラス。国民健康保険（メディケア）に加入していれば公立病院に限り、出産費用は無料となる。

世界的にも評価の高い食文化をはじめ、人もおおらかで見所満載のこの国は、実に年間二三〇〇万人を超える観光客でにぎわっている。

そんなステキとしかいいようのない国、オーストラリアのブリスベン郊外で、り子さんは次女タンタンちゃん、末っ子長男のロン太くんを出産した。

人気の国だから日本人も多いのだが、

「日本語は期待できないかも」

意外といえば意外である。

「ゴールドコーストなど、一部の病院を除き、日本語はあまり通じないと覚悟しておいた方が良さそうです。私立病院で出産したんですけど、全て英語でしたから。ドクターや看護師の言っていることが全然分からなくて『まあ仕方ない。なんとかなるかな』と適当に頷いていたら、いきなり破水させられちゃいまして……。びっくりしましたよ」

日本人が多い国だけに病院にも日本語が通じるスタッフが常駐していそうだと勝手に思い込んでいたが、どうやらそうでもないらしい。

「そもそも当時、ブリスベンには小さな産院ってほとんどなかったんですよ。通常、みなさんが行かれるのは総合病院内の一部に設置された産科病棟なんです。だからドクターのチョイスも少ないと思っていた方がいいかもしれませんね。わたしが出産した私立病院は、検診と出産込みで約五〇万円ほど。最初に登録料として約三〇万円払った記憶があります。そこからさらに毎回の検診代を支払いました。加入している保険で自己負担額も違ってきますし、担当ドクターによっても登録料が変わってくると聞いたことがあります」

病院のチョイスが限られているため、お子さんのクラスメートの中にも、出産時に同じドクターに取り上げてもらった子が何人かいるという。

かくいう、り子さんも「尿管に管を通してくれたのが、娘のクラスメートのママでした」と照れ笑いする。

日本で長女のチュビちゃんを既に出産していたこともあり、産院やドクターを選べないオーストラリアの実情が日本のそれとはだいぶ違うことに最初は戸惑ったそうだ。

国民健康保険に加入していれば公立病院に限り、出産費用はタダとなる。が、安いだけあり、もちろん目をつぶらなければならないこともある。

例えば定期検診の際に前回とは違うドクターに診てもらうなど、自分専用の担当医がいないということになったりもする。

「それからベテランドクターと新人ドクターとでは診察結果に差が出る、という話もチラホラ聞いたことがあります」

そうなると、やはりベテランドクターにしっかり診てもらいたい、または担当医をつけて欲しいというのが本音だろう。その場合は「私立病院へどうぞ」ということになる。そうなれば、もちろんお高くつくが、

「プライベートインシュランス（個人加入の保険）でかなりの額をカバーしてもらえますから、先にこうした保険に入っておくことをオススメしますね」

ということであるから、国民健康保険を持っていない場合、早速現地の保険について調べてみよう。

さらにエコー検診については

「二〇週目だったかな。初めてのエコー検診があり、そこで性別が分かりました。『この後、エコーはもう一回だけですから』と聞いてましたので、その初

エコーで性別を聞き逃しちゃマズイと、それはもう聞く気満々でしたね」なるほど、日本のように頻繁にエコー検診があるわけではないらしいので、これも注意が必要だろう。

ドクターの粋な計らいで自然分娩の痛みを満喫。心置きなく帝王切開へ

さて「日本とオーストラリアの出産、選ぶならどっち?」と尋ねたところ、「オーストラリアかな!」と即、返事が返ってきた。その理由は「縦に切られちゃったから」。え〜と、なにが縦にですって?

「帝王切開です。緊急だったから仕方がないのかもしれないんですけど。初産は日本の病院で帝王切開だったんですよ。そこで横じゃなくて縦に切られちゃって……。その切開跡を見たオーストラリアのドクターが『オーストラリアで、こんなオールドファッションな切り方はしないですよ。いったい何十年前に出産したの?』と目を丸くして驚いていました。縦に切るメリット

も色々あるのでしょうけど、とにかく筋肉を切られてしまうので、わたしの場合、動けなくて結構辛かったですね」

帝王切開には縦切りと横切りのチョイスがあるのだが、そもそもいったいそれらの違いは何だろう？　とふと疑問に思い、ちょっと調べてみた。

縦横のチョイスがあるのは表面の皮膚だけで、子宮自体には縦にメスを入れるということである。なので皮膚を縦に切ろうが横に切ろうが子宮自体に影響はないようである。

そこで、肝心の縦切りのメリットとしては『開腹しやすく、胎児が取り出しやすい』『子宮は縦切りなのに、表面の皮膚をまず横に切っていると、それだけで時間がかかる』『要するに子宮同様、縦切りの方が時短だし医師もラク』『なので緊急時には必然的に縦切りが多くなる』などが挙げられるようだ。

とはいえ、横切りよりも傷は目立つため、やはり「横に切ってください」とお願いする人も多く、医師もなるべく患者さんの要求に沿うようにしているのだとか。

り子さんの日本での出産は緊急帝王切開だった。この時、元々子宮口が開きにくい体質だと医師から告げられたそうだ。

同じ理由からオーストラリアでの二度の出産も帝王切開となった。その際、自然分娩を希望していたり子さんに、ドクターからこんな提案が……。

「あなたは体質的に自然分娩には向いていないけれど、どうしても自然分娩で産みたいと言うのなら、分かりました。とりあえず陣痛が始まったら、がんばって痛みに耐えてください。それで痛みを満喫して、すっかり満足したら知らせてください。すぐに帝王切開で赤ちゃんに会わせてあげるから」

粋なドクターの計らいでバランスボールやロッキングチェアーなどで痛みを満喫（?）し、バスタブにゆっくり浸かったところで、すっかり出産の痛みに満足した、り子さん。そこでドクターに「じゃあ、そろそろ帝王切開でお願いします」と横に切ってもらったのだそうだ。

そのとき痛み止めの薬を処方されたが量が多くて気持ちが悪くなり、全部その場では服用できず、こっそり持ち帰ってしまったという。

他の国でも見られたことだが、日本人に比べて立派な体格の人が多い外国では、薬の量もあちらの体型基準で処方されている。効き過ぎるケースもあるようなので少し注意が必要だ。

オーストラリアでの出産の方が良いと感じた理由の一つに、

「体重制限がないことでしょうか。やっぱり気分的にもラクでしたから。日本では一〇キロ増えた時点で医師から注意が入りましたが、こっちじゃ『むしろ、そんなの増えて当たり前でしょ！』という感覚です。ですから第二子、第三子の時は『このくらいの体重増加なら、まだまだ全然大丈夫よ！』と助産師さんが笑顔でおっしゃっていたこともあり、最終的に二〇キロも増えてしまいました。それでも口うるさく注意されることもなかったので、食べることへの罪悪感もなく、のびのびと出産にのぞめましたよ」

先程の粋なドクターの計らいといい、『オーストラリア＝おおらか』といったイメージが……。

「たしかに一言でいうなら、日本に比べておおらかな妊娠期間だった気がしますね。ですからアドバイスとしては『オーストラリアの出産では安心して体重が増え過ぎないように』ってことでしょうか。日本の助産師さんのようにかゆい所に手が届くほどの至れり尽くせり感はないにせよ、笑顔で親切に応対してくれたのも安心できましたね」

帝王切開でも出産の翌日からシャワーはオーケー

「日本では母子ともに健康だったにもかかわらず二週間ほど入院していましたが、こちらでは産後5日目で退院しました。三人目の時は、なんと二日目にして『明日、退院しても良いですよ』と言われました。でも帝王切開だったし『五日は入院したい』とお願いして、そうさせてもらいました。また日本では産後、一週間ほど入浴は禁止でしたが、ここでは出産翌日からシャワーはオーケーと言われました」

その他、オーストラリアでの出産の良いところに、自然分娩と無痛分娩のチョイスが気軽にできるというのも挙げられる。

「最初は自然分娩だったとしても、途中で『痛いから、やっぱり無痛分娩にしてください』と急なリクエストを出したとしても可能な限り対応してくれると思いますよ」と、り子さん。

「まあ、日本人はあまり無痛分娩をチョイスしないみたいですが……。とはいえ、こういった自由な選択肢があるのとないのとでは気分的にも全然違いますよ。同じ出産なのに、日本ではなぜフレキシブルにならないの？　と疑問に思ってしまいます。無痛分娩で出産された現地のママの中には翌日、フツーに幼稚園のお迎えに来ている方もいたりしましたから。それだけ動けるということは、やはり楽なんでしょうね、きっと」


もらえるならやっぱり欲しい。出産育児給付金

さて話は突然変わり、オーストラリアでも出産育児給付金のような補助金制度があるのか、聞いてみた。少子化大国ニッポンでは、これがないと更なる少子化を呼んで危機的状況に陥ってしまうのだが、オーストラリアはどうなのだろう。

「国のルールがコロコロと変わるのですが、二〇〇八年当時、日本円で三〇万円ほど、支給されました。二〇一七年現在では奥さんが働いていれば、もらえます。二番目の子を産んだ時は、まだ働いていなかったんですけど、ルールが今とは違ったので結局、支給されました。公立病院だと出産費用が無料なので、まるまる給付金がいただけてお得ってことになりますよ」

オーストラリアの出産育児給付金について調べてみると、やはり医療水準の高いお国柄だけあり、出産や育児に関する給付金も充実している。

有給出産育児休暇はもちろん、ベビーボーナス（家族手当）、学生ボーナス、父親・パートナー用の育児手当など、国が様々な政策を打ち出している（ただし市民権や永住権などを持っていないと申請できないものもある）。

また父親やパートナーになる人のほとんどが育児休暇を取るというから、

ママにしてみればありがたい話である。

産後は母体にとっても精神的にも大変な時期である。この時期を夫婦で助け合うのは大切なことである。

その点、日本では同僚や上司が毎晩遅くまで働いている中、『育休ください』なんて、とてもじゃないけど言い出せない空気が蔓延している。

こういった風潮も少しずつ変わってきてはいるのだが……。

外国人パパとの子育て

パパであるペイさんはオーストラリア国籍のマレーシアン・チャイニーズ。夫婦間の子育てについては、

「同じアジア人同士だからでしょうか。子育てについて、そこまで大きな違いを感じたことはないですね。むしろわたしのやり方を尊重してくれています。ただ、オーストラリアではたとえ新生児であろうと、自宅では親子が別室で

寝るのが絶対の決まりなんです。ですから、それに関してはちょっと意見は分かれますけど。最終的には占い師にまで『子供とは別室で寝なさい！』と注意を受けましたが、わたしは日本人ですからね。もちろん、そんなことには従わないですよ」

子育ては積極的に手伝ってくれるそうだが「子供がまだ新生児の時に爪切りを頼んだことがあって……」と、なにやら思い出したのか苦笑い。

「指が小さいから、きっと緊張したんでしょうね。子供の爪を切り過ぎて血が出ちゃいまして。あれ以来、絶対に子供の爪切りだけはやってくれなくなりました。相当ショックだったんだと思いますよ」

そんなペイさんとは日本で知り合ったこともあり、二人の会話はオーストラリアに移り住んだ今でも、もっぱら日本語だ。

「パパと子供達は英語で話していますね。わたしと子供達は日本語でやりとりしますけど。以前、台湾に住んでいた時は、パパと子供達は中国語（北京語）で会話していました。ちなみにお義母さんとわたしは英語で話します。彼女はマレーシア人で、マレーシアにはマレー語もありますが、主流は英語なので」
なんともちょっぴり複雑でインターナショナルな構図が出来上がっていた。

自然派とジャンクフード大好き派。好みが両極端な人が多いのかも

電車関係のシステムエンジニアをしているペイさんは多忙なようで、
「ちょうど今は、ダンナさんの仕事が忙しくて、子供達の送迎が大変な時期。ですから今は働いてないけど、いずれ子供達の手が離れたら働こうと思っています。オーストラリアは共働きがメインかも。女性はみなさん、働いていらっしゃいますね。そういえば台湾にいた時は、ここよりもっと女性の就業率は高かった。ほとんどのママが働きに出ていたんじゃないかな」
さらにペイさんと子育てをしていて、驚いたことの一つに
「生後間もない赤ちゃんを連れ、外出しているファミリーをよく見かけます。まだ、ほんとに小さな小さな赤ちゃんと一緒にカフェでおしゃべりを楽しむ

ママ、サンデーマーケットに来ているママ、家族と公園でピクニックしているママなんかをよく見かけますね。みんな、とっても楽しそうなんですけど、日本にいた頃には、あんなに小さな赤ちゃんと外で楽しむなんて、考えたこともなかったですよ」

そんなオーストラリアの人達を分析するり子さん。

「ビーガンをはじめ自然派を好む、いわゆるヒッピー系の人達とジャンクフード大好き派など、好みが極端な人達が多いような気がしますね。中には離乳食だとか言いながら、マクドナルドのミルクシェイクをあげている人もいましたし」

なるほど、オーストラリア人が大きく育つのも頷ける。

今日もオーストラリアで子育てに奮闘中の、り子さん。

「こちらでは、何が大事って誕生会が特に重要なんです。しょっちゅうお呼ばれされますし、自分の子供のバースデーパーティもやらなきゃならない。子供が三人もいるとそういったイベントも増えますし、正直言って面倒ください。

でも避けられないですから。もう楽しむしかないですよね、何事も」

面倒だなどと言いながらも、今日もまた三人のお子さん達に囲まれ、オーストラリアでの生活をエンジョイしているであろう、り子さんの姿が目に浮かぶ。一家団らんの賑やかな笑い声が聞こえてくるようだ。

デンマーク

オーフス市

Country Data

正式名称：デンマーク王国
Kingdom of Denmark
人口：約570万人
面積：約4万3000km²（九州とほぼ同じ）
首都：コペンハーゲン
言語：デンマーク語
宗教：福音ルーテル派（国教）
通貨：デンマーク・クローネ（DKK）

出典：外務省　国・地域基礎データ

アキさん一家

パパ（デンマーク国籍）
ピーターさん

ママ
アキさん

長女
リーヴァちゃん
2008 年　デンマーク生まれ
2250g ／自然分娩
ママの年齢 ● 35 歳

次女
ベラちゃん
2011 年　デンマーク生まれ
3100g ／自然分娩
ママの年齢 ● 38 歳

三女
イザベラちゃん
2012 年　デンマーク生まれ
3100g ／無痛分娩
ママの年齢 ● 39 歳

三人とも…
保険会社 ● なし（出産費用全て無料）
出産した病院 ● オーフス大学病院

この国で出産することになったいきさつや、夫婦のなれそめなど

たまたま地元の神社で参拝していたところ、突然、声をかけてきたのがピーターさん。ちょうどアキさんがイギリス留学を予定していたこともあり、留学の話題に。その後、留学先のイギリスからデンマークへ渡り、交際がスタート。その後、三人の女の子を現地で出産する。ドクターのピーターさん（産婦人科医ではない）は、なんと三女イザベラちゃんの立ち会い出産時に、取り上げる手伝いをしたそう。

デンマークの建物はかわいいのがいっぱい♡
お次はデンマークから
Hej
ハイ
デンマークで三人の子供を出産しましたアキです
長女
リーヴァちゃん
自然分娩
次女
ベラちゃん
自然分娩
三女
イザベラちゃん
無痛分娩
北欧の高福祉国家デンマークでは税金がなーんとなんとッ二五％！
ゴーン
25% 税
重い
とゆうわけで…
ばぶ
出産&検診費
タダ
いんん
幼稚園～大学まで
教育費
タダ
OUCH
おー！イテッ
医療費
タダ
住宅費
タダ
とゆう場合もあるそうな
わはは！
おほほほー
老後の心配？なんじゃそりゃ
高齢者福祉もけっこー充実

税金が高く国民負担七〇%(日本は約四〇%)なので社会福祉保障がやたらと充実しているのです
それだけではないんです
な、な〜んと!
どど〜んと!
不妊治療も
タダ
回数や年齢制限あり
すごいやん
老後の心配?いえいえ明日の心配すらあんまりなさそうな国デンマークは…
2013年度
The World Happiness Report
世界幸福度報告書
2014年度
2016年度
自分達の国に対する幸福度調査で二〇一三年度二〇一四年度二〇一六年度に堂々の世界第一位に輝いているのです
日本は五〇位以下
不安しかない
なーんて幸せそうな人種なんでしょデンマーク人よ
あははははー
ははははは
んが…
タダで受けられるサービスというのはほぼ基本的なものだけなんです実は…
実情はちとちが〜っ
たとえば出産は自然分娩無痛分娩ともに経験し両方とも無料でしたが…
近いっす

なんとッ!!
デンマークの出産は第二子目からは産後五時間ほどで退院させられるのが一般的―― 第一子に限り病院に併設されたホテルに宿泊させてもらえるんです
そろそろ退院の準備をおねがいします〜
さっき産んだばっかなんですけど
はやくね…
ばぶ
初産後は宿泊施設で四日間ほど過ごせますが一〜二日で帰宅する人も意外に多いと聞きます わたしは長女が二二五〇gと少し小さかったため入院しました もちろん無料でしたよ〜
ふふーん
ホテルでゴロゴロラクー しかもタダ〜
そんなワケで三人目の出産は産後の回復が早いとされる無痛分娩を選択し出産後は半日足らずで(!)自宅に帰され待ったなしで上の子二人と新生児のお世話が…
スパルタすぎる…
産まれたてホヤホヤ―― 産後五時間の第二子ベラちゃんを抱えてバスに乗るアキさん一家
ブィーーン
パパ
長女
かわいいね
さっきまでママのお腹にいたのに
今はなんとバスの中…
ばぶ
なんだか不思議な気分――
ちなみに当時住んでいたのはマンションの五階
ママがんばって!
出産の荷物いっぱい
なんの罰ゲームだこれ…
ばぶ
なんと… エレベーターなし
しかも自然分娩だったし…
だあぁぁ
もうアカンすぎ…

だがそんなアキさんよりももっと大変な人がいた――ッ
なんと！出産後四時間という超高速退院をさせられたお友達がいたそうで――
苛酷にもほどがあるっしょ
…
偶然にもお友達の出産日に看護師達がストライキを決行したそうなんです
なんてタイミングの悪い…
賃金 あげろーーッ!! 的な（たぶん）
人員もっと増やせーーッ!! 的な（たぶん）
労働時間減らせーーッ!! 的な（たぶん）
初産だからホテルも予約してくれてるって言ったくせに
あうぅ…
アキさんの友達
あいにくそのホテルでお世話するハズのナース達が揃ってみんなストライキ中でして
くいっ
まだ産んでから四時間しか経ってないんですよ（友）
スイマセンねほんとに（看）
賃金！
人員！
ああ無情…
カー
カー
カー
初産だったのに…
ホテルに泊まれるハズなのに…
うまれたてホヤホヤ
ううう…
ばぶ…
アキさんの友達
ストライキのバカ
というワケで無償で受けられるサービスはありがたいですが最低限だと思っていた方がよいのかも
特に若いうちはまだいいですが例えば本当に良い老後を送りたいと思ったらデンマークにいても貯蓄は必要でしょうね
ステキな車に乗ったり…
快適な家に住んだり…
のんびり旅行したり…

アキさん&ピーターさん赤面事件
キャ♡
さて病院で必死に陣痛の痛みに耐えていたアキさん
イタイーッ寝てられん!
もうアカン―ッ
だあぁーッ
オロオロ…
大丈夫かい?ハニー
少しお風呂に浸ってみたら?
リラックスして少しは痛みも和らぐんじゃないかな
水中出産用だけどね
え?お風呂?
ナイスかも
入っといで…
ひっく
というわけで藁にもすがる思いで浴槽へ――
カチャ
まあステキ!
ワオ!
チャプン…
いやー極楽極楽
ほっこし
はやく言ってよもー
早速アキさんが湯船に浸っていると――

そこへ誰かやってきた気配が――
カチャ
どーもー
誰かきた？
クルッ
なぜかピーターさんまで勝手に乱入――
って陣痛じゃないでしょアンタは！
まあまあ
しかもすっぽんぽん――
うぎゃ
ザッパ――ン
あー気持ちいい
狭いしーイタイしー
んもー
早く産まれておいで
もう少しだよハニー
なんとそこへさらにもう一人――
カチャ
湯加減は…
あ
すっぽんぽ〜ん
げっ
夫婦のすっぽんぽん姿を前に何ごともなかったかのように静かにスーッと扉を閉め去っていく看護師さんなのでした
スーッ
パタン…
すっぽんぽんでイチャイチャしてるって絶対勘違いされたよね今…

絶滅危惧種？〜自然分娩の国〜
不妊治療もタダ、だけど産後五時間で退院

祝★出産　〜ゆりかごから墓場まで〜　国が面倒をみてくれる国

二〇〇二年にデンマークに渡り、はや一四年以上。すっかり身も心もデンマーク人のアキさんに話を聞くことができた。まずは冒頭のデータを見ていただきたい。『保険会社：なし（出産費用全て無料）』

コレがいったい何を意味するのか。そう、海外に詳しい読者なら既にお気づきだろうが、デンマークはいわゆる北欧の高福祉国家である。

税金が二五％という、とんでもない高さだが、その分、医療、福祉、教育費、介護、さらに国営なら住宅費まで全てタダ（一部除く）。胎児から墓場まで、国ががっつりと面倒をみてくれる国家なのである。

ここで驚くのが、なんと不妊治療までタダというから、耳を疑ってしまう。

もちろん回数や年齢に制限はあるのだが（四〇歳まで）、少子化問題に揺れる我が国でも、この発想はまず出てこないだろう。高福祉国家万歳というか、太っ腹な国である。まあ、それだけ税金が高いということなのだが……。

「出産費がタダ？　でもそれってデンマーク人だけでしょ」

と鼻白んだ、そこのアナタ。ノンノンノン。わたしもそう思ったので早速アキさんに質問してみた。すると驚いたことに、

「例えば、いきなり日本から移住してきた家族で、それまでデンマークで税金を払った履歴がなかったとしても、出産を含めた公共サービスを無料で利用することは可能です。ただその『移住』までに時間がかかるのがネックかもしれませんけど。なにしろ外国人に対しては、なかなかビザや永住権が降りにくいんです。ただし一度、滞在許可を降ろしてもらえば学費や医療費等、全面的にタダなので外国籍とはいえ、生涯安泰みたいな感じにはなりますけどね。その代わり自分も高い税金を収める立場になるのですが」

労働ビザが発給されると、日本のマイナンバーのような番号が自動的に手元に届くそうで、そのカードを持った時点で税金の恩恵を受けることができる。ちなみにアキさんは永住ビザを持っていない外国人という立場だが、今から学校に通いたいとなれば、その学費は全て無料になる。

「ただし私立の訓練校や専門学校的な所に通うとなると、学費を支払う義務が生じます。要するに最低限の保障やサービスなら、誰もが受けられるということです。そこに付加価値を付けるとなると、やはりプラスアルファでお金を支払う必要性が出てくるのは当然ですが」

労働ビザなどのステータスさえしっかりしていればオーケーというワケで、

「自然分娩、無痛分娩に関わらず無料ということでしょうか」

「そうです。わたしは第一子、第二子は自然分娩、第三子は無痛分娩でしたが、全て税金で賄われましたよ」

お国変われば、その支払い形態も全然違うものだと、なかなか興味深い。

「タダだから、しょうがない」とツッコミどころ満載のサービス

さて、そんな興味深いデンマークのサービスについてだが「無料だけあって、基本的なサービスしか受けられないといえるかもしれませんね。いろいろとツッコミどころもあるんですけど、そこはやっぱりタダだから。あまり文句は言えないのかなあ、と。『みんなもだいたいそうなのだから、まあ、こんなもんだろう』と納得しちゃってます」というのが本音のようだ。日本的な、きめ細かいサービスは、あまり期待しない方が良さそうである。マンガでも触れたが『基本的なサービス』という言葉が示すように、なんと産後は五時間以内（！）に退院させられてしまう。

ちなみに、これはわたしが今回取材してきた国々の中で最短記録である。「自然分娩、無痛分娩ともに同じ扱いで、五時間以内に帰宅させられますね。ただ第一子の場合のみ、病院に併設されたホテルを準備してもらえます。初産ですから何かと不安なので、ありがたいですね。でも二人目からは特に問

題のない場合は五時間以内に病院を追い出されます。ハイ、わたしも第二子のベラ、第三子のイザベラの時には半日もせずに帰宅させられましたよ。出産自体はベラは七時間、イザベラは五時間と順調でしたが、やはり帰宅時はキツかったですね」

って、出産直後のママには超スパルタだが、なんらかの異常、例えば大量出血などの場合はもちろん入院となる。自然分娩、無痛分娩ともに経験したアキさんだが、初産と二度目の出産の時には自然分娩を選択した。その理由は

「出産の痛みを経験したかったから」

「では、ご自分から自然分娩をチョイスされたんですね」

「そうなんです。二回目の時も、『コレで最後だから。この貴重な痛みをガマンしてみよう』って、また自然分娩を希望したんです。そしたらビックリ！三人目を授かってしまって……。まっ先に『あの痛みはもうイヤだ〜！』という思いがよぎり、無痛分娩を希望したんです。ところが助産婦さんから『一応、アキさんの希望は聞いておきますけどね。実際のところ、何が起こるか

分かりませんから。出産当日にもう一度、ちゃんと申し出てください。少しでも子宮口が開き過ぎていたりすると、それだけでもう無痛分娩の注射が間に合わなくなるケースもありますし』とか言われまして。デンマークでは、いくらお腹が痛くても、陣痛にならない限り、自宅に帰されてしまうんですよ。だから『無痛分娩にするには、タイミングも重要ですよ』と何度も念を押されました。あと自然なお産が一番と考えるお国柄だからでしょうか、なかなか無痛分娩を選ばせてもらえないという現実もありましたね」

出産日「すっごくお腹が痛い」と訴えるアキさんに「それなら気分転換にちょっとだけビールでも飲んでおきなさいな」と返ってきたという……。

エコーは二回だけ。大事な性別を聞き忘れるなかれ

さて出産後のケアについて、デンマークでは産後の様子を確認するため、ある一定期間、保険師が訪問検診をしてくれる。

「産後、一週間目、二週間目、三ヶ月後、九ヶ月後だったかな。自宅に保険師が来て、検診してくれました。向こうから出向いてきてくれるのは助かりましたよ。二人目、三人目ともなると、こちらも忙しいですからね」

しつこいようだが、このサービスも全て税金で支払われるので無料である。

その他、出産前の検診については「ホームドクター、助産師、病院の三ヵ所が連携していて、検査内容によって行く場所が指定されます」ということであるから、これも日本とはシステムが違うようである。

「この三ヵ所では、わたしの個人情報がパソコン上で共有されており、他での検査結果と照らし合わせて、アドバイスをもらっていました。例えばエコー検査は一二週目、一六週目にするので、指定された日に病院のエコー室へ行ったり、助産師センターから検診があると言われれば、そちらに出向きます。ホームドクターに関しても同じで、その全ての情報を三ヵ所のドクター達が同時にチェックすることができました。出産したのはオーフス大学病院なのですが、ここユトランド半島では一番大きな病院で、オーフス市内を含む、近郊の妊婦さんたちは自動的に、この病院で出産することになります。なので日本のように妊娠したら検診先を探し、さらに出産する産院も探すという手間は必要ありませんでしたね」

なるほど、有無を言わさず自動的に出産する病院が決まってしまうようだ。

アキさんの住むオーフス市は首都コペンハーゲンに次ぐ大都市である。設備も整っているが、とにかく自動的に病院を決められてしまうため、

「どこが良い悪いとかいうよりも、単純に選びようがないですから。まあ、この病院で良かったと思っています。その分、産院選びなどのストレスもなかったですし。ただ妊娠中、順調であればエコーは二回のみ、しかも日本のように早い段階でエコーを撮ってもらえるワケではないので、そこは不安でしたね。『異常を発見するのが遅れたら困るな』とか『子宮外妊娠してたらどうしよう』『急に卵管が破裂したら、どうする?』とか、はたまた『ただの想像妊娠だったら?』とまで考えちゃいました」

第一子の時は初めてで不安だったということもあり、プライベートでエコー

だけを撮りに何度か病院へ足を運んだのだとか。

「結果は全て正常でホッとしました。エコー写真も貰えますが、たしか有料でした。その後、第二子、第三子の時は、さすがに他にも子供がいてバタバタしてたので、もうそこまで気が回りませんでしたけど」

この二回のエコーで性別を聞き逃すと、生まれるまで子供の性別が分からなくなるので、注意が必要だ。

「リーヴァの場合、少し小さかったので、最終的には二日おきにエコーを撮りに病院に通いました。医療費がタダなので、病院側はできるだけ予算を削ろうとしますが、こういった必要なケアはきちんとしてもらえるので安心です。体重制限は特になくて、三回の出産で平均八キロ〜一〇キロぐらい増えたのかな。義理の妹は初産時、二三キロも増えたと言ってましたよ」

なんと、二三キロ！　日本なら大目玉を喰らうところだが、様々な国の取材を通じて『体重制限のある国は非常に珍しい』ということが分かった。

外国人パパとの子育て

三番目のイザベラちゃんを取り出したのは、なんとピーターさん。「専門は産科ではないのですが、ピーターは現役のドクターなんです。その昔、まだ研修生だった頃に実習で分娩にも立ち会った経験があったらしく、イザベラのお産の時に助産師さんとそんな話をしていたところ、『パパが取り上げてみたら』と助産師さんから提案がありまして。驚きましたが、無事三人目はパパに取り上げてもらえて良かったです。この時助産師さんの助手が知らないうちに、ビデオを回してくれていたようで……。わたしたち家族にとって貴重な映像を残してくれたので嬉しかったです」

パパがビデオ片手にお産の様子を見守るというのはよく聞く話だが、自ら取り上げるとは、ピーターさんの喜びが伝わってくるようだ。そこをちゃんとビデオに収めてくれた助産師さん達も実にナイスである。

イクメンはもはや当たり前。育児はパパママの共同作業

そんな、子供の誕生自体を手伝ってくれるピーターさんだから、きっと子煩悩だろうなと思っていたらやはり、

「育児には積極的に参加してくれますよ」

というワケで、そもそもデンマークでは子供が産まれるとパパたちも二週間の育児休暇を取り、最初から育児に参加するのが一般的。ママであるアキさん曰く、

「ピーターは子供のしつけに熱心というよりは、いかに子供の意思を尊重し、自由な発想を育んでいくことができるかに重きを置いているように感じますね。将来ですか？　子供たちもみんなデンマーク人ですし、三歳までは日本語を話してくれましたが、今ではみんなデンマーク語がメインですからね。子供たちのためにも、このままデンマークにいるんじゃないでしょうか」

この自由な国で、のびのびとした子育てをしていきたい様子が伺える。

「パパの二週間の育児休暇はもちろん、それ以外にも認められている産休制度というのがあります。給料の額によって、その産休期間の長さは人それぞれですが、夫婦で話し合って、相手の育児休暇を二人でシェアすることも可能です。ですから半年ぐらいでママが仕事に復帰し、その間、今度はパパが育児休暇に入って赤ちゃんのお世話をする夫婦も結構います。だからパパもママも、授乳以外では半分半分で子育てに参加しているのではないでしょうか」

最後に、お子さんの日本語教育について。

「長女はあまり文字に感心を示さず、習い始めたのが遅かったんですよ。だから同じ歳でも次女の方が既に日本語の読み書きをマスターしてました。ただ読み書きも重要ですが、正しい日本語で会話できることにも力を注いでます」

日本から飛行機を二回乗り継ぎ、片道およそ十三時間。決して短くはないフライトを少しでも快適にするため、アキさん一家は毎度オーフスからドイツ行きの飛行機に乗り換えている。

「ドイツ系のルフトハンザ航空のバシネットが大きくて便利なんですよ」

というアキさん。バシネットとは飛行機内で赤ちゃんを寝かせておける『壁掛けベッド』のこと。一〇ヶ月前後の子供なら、誰でも使えるのだが、航空会社によって、大きさが微妙に違うのだそう。

ここオーフスでは北海やバルト海に面した港の開発も進み、今やその美しい夜景は見所の一つ。そのため観光客や人口増加が期待されている。

夏は短く、二五度もあると暑いと感じる。冬はやはり厳しく、寒い時はマイナス一五度を計測するというから、巨大な冷凍庫並みの天気だ。

「クリスマスなんて午後三時を過ぎれば、すぐ暗くなってしまいます」

日照時間が短く、外はいくら寒くとも、かわいい三姉妹に囲まれたアキさん一家は、今日もあったかい空気で満たされていることだろう。

アメリカ編

6家族が登場！

フタを開けてみたら使える保険がなくてオーマイガー!!
日本の保険がアメリカで使えるとは限りませんから、
事前の確認はしっかりしておきましょう！

Country Data

正式名称：アメリカ合衆国
United States of America
人口：3億875万人
面積：962万8,000km^2（50州・日本の約25倍）
首都：ワシントンD.C.
言語：主に英語（法律上の定めはない）
宗教：主にキリスト教
通貨：米ドル（USD）

出典：外務省　国・地域基礎データ

アメリカ その①
マキさん編
市内の美術大学を卒業後そのまま現地の会社に就職したマキさん
当時も今もグラフィックデザイナー
マキさん 一家
パパ：ボビーさん（アメリカ国籍）
ママ：マキさん
長女：カナちゃん（2000年アメリカ生まれ）
2750g／無痛分娩／ママの年齢は31歳
次女：ミナちゃん（2002年アメリカ生まれ）
2850g／無痛分娩／ママの年齢は33歳
出産した病院：サンフランシスコ市内の総合病院
保険会社：自身が勤めていた会社の雇用保険を適用
なれそめ
1996年、カリフォルニア州サンフランシスコ市内にあるデザイン会社に勤務していた頃、アメリカ人のダンナさんと結婚。その後、めでたく二人の女の子を現地で出産
マキさん一家のベビーシッター事情
出産後三ヶ月目から少しずつ職場に復帰し五ヶ月目に完全復帰したそうです
二人目の時も産休は五ヶ月でした
あ〜久しぶりの会社だわ
ベビーシッター代は月々一〇〇〇ドルぐらいでした（日本円で約一〇万円）
ベビーシッター
よろしくね
ばぶ
ベビーシッター代の相場はピンキリですがだいたい月々一〇〇〇ドル〜二〇〇〇ドル（約一〇〜二〇万円ぐらい）
$1000
予想以上にお金がかかるため出産を機に仕事勤めを一時中断するママも多いとか
$1000
または子供を預かってくれるデイケアセンターも人気ですが
いきなり子供の言葉使いが乱暴になった！
なーんて声もチラホラあったりなんかして…
くれぐれもデイケア選びは慎重に！

お次はちょっと気になる現地のプリスクール事情
プリスクールとは三歳～五歳までの子供達が通う幼稚園の年少さん年中さんクラスのような場所
もうオムツ取れた
うん
五歳～小学校にあがるまでの年長さんクラスの子供達が通うのはキンダーガーテン
来年から小学一年生
※スクールの規模により年齢分けには幅があります
一般的にプリスクール代は一ケ月約三〇〇ドル～一〇〇〇ドル（約三万円～一〇万円ぐらい）
よろしくおねがいしまーす
プリスクールの場合子供を預けるのは週に二～三日程度という家庭も多いですが
ママが毎日働きに出ている場合は毎日預かってもらうことも
アメリカではモンテッソーリ教育法を取り入れた機関が約三〇〇〇カ所もあるそうです
モンテッソーリのプリスクールも大人気
メインは英語ですが中国語と日本語の三ヶ国語での教育が基本
ですから子供達は自然に三ヶ国語を聞き分けるようになります
英語で歌を歌い
ABCDEF
你很好～
中国語で工作をし
日本語でお絵描きのクラス
基本の待ち姿勢は胡座
あぐら
モンテッソーリとは…子供独自の目線を大切にした教育理念の元子供の自発性独立心知的好奇心などを尊重する教育法のこと
自発性
独立心
知的好奇心
世界各国で人気だそうですよ

あなたならどっち？
世界で主流の無痛分娩 VS 日本で主流の自然分娩

祝★出産　現地企業の正社員だから、出産費用は雇用保険でカバー

アメリカの永住権を持つマキさんは、正社員としてサンフランシスコの企業に勤務していたこともあり、出産では雇用保険が適用された。

アメリカでの出産は欧米などと同じく、日本の保険はほぼ適用外だと覚悟しておいた方がいい。ただし海外で出産したとしても、後から日本で正規の手続きをすれば出産育児一時金を受け取ることは可能だ。

これには海外出産から二年以内に申請すること、出産の記録や証明の提示が必要、さらに出産時、日本の国民健康保険または社会保険などに加入していなければならないなど、様々な条件がある。

国民健康保険に加入している場合、「海外への赴任期間が二年以上になるから」などの理由で海外への転出届を出してしまうと、そこで一旦、国民健康保険が切れることになる。切れたとしてもダンナさんの扶養家族として、海外で出産するのであれば、その社会保険などを通じ、日本の出産育児一時金を申請することは可能だ。

このように海外で出産したとしても、日本の出産育児一時金を受け取ることはできるが、そのための手続きが色々と複雑なので、渡米の前に必ず自治体に確認してみよう。

日本人ドクターに関する情報は、現地の保険会社に相談を

「勤務先の雇用保険は結構しっかりしてたと思いますよ」と、マキさん。

「陣痛から出産、その後も、ずっと個室だったから余計な気を遣わなくて済んだし、出産費用もほぼカバーされて助かりました。逆に日本の病院だとアメリカでの保険が適用されないから、だいぶ出費がかさんだと思いますし」

そんなワケで日本への里帰り出産は考えもしなかったという。

マキさんが検診に通っていたのは総合病院の中に設けられた産婦人科で、約七ケ月目まで月に一度、検診を受けていた。保険が適用されたため、最初の数回を除けば、ほぼ無料検診だった。

この定期検診が無料になるか、有料なのかというのも、加入している保険会社との契約内容によって、だいぶ事情が変わってくるので注意が必要だ。

マキさんの場合、最初の二回の検診は自己負担額は五ドル（約五〇〇円）のみ。以後、数回検診を受けたが検診費用は全て保険でカバーされたという。

ちなみに検診オフィスにも出産時の産婦人科にも、日本人スタッフはいなかったという。

英語の達者な人なら話は別だが、語学に不安を感じる場合、やはり日本人ドクターの存在は心強い。もし既に現地で保険に加入しているなら、その保険会社に邦人ドクターに関する情報を問い合わせてみよう。海外生活において母国語の通じるドクター探しは、結構重要である。

定期検診は注射や超音波検査などを含む、ごく一般的な内容で、この超音波検査は一六週から二〇週の間に一回のみ、一時間近く診てもらったという。

この検査を含め、全ての診察結果で特に異常が見つからなければ、残りの検診は心臓の音を聞いたり、触診のみだったそうだ。

ちなみに羊水検査の保険適用は三五歳以上からで、出産当時、まだ三一歳だったマキさんは保険適用外ということもあり、受けなかった。

既にグリーンカードを持ち、正社員として勤務する身だったからか、地方自治体による出産育児一時金的な給付金も支給されたそうである。出産を挟んだ前後一二週間以内に支給されたそうなのだが、きちんと出産前に自己申請しなければ、受け取ることはできない。

産休は出産予定日の一週間前から取ろうと計画していたが、なんと仕事中に少し破水し始めてしまった。病院に連絡すると『すぐに来てください！』と。

ところが、まだそんなに痛みはなかったため、自宅に戻ってシャワーを浴び、ちゃっかりごはんを食べ、ようやく病院へ。めでたく約二四時間後に出産した。

第一子ということもあってか、陣痛促進剤を打ってもなかなか効かず、まだ完全に破水していなかったため、残りは人口破水させることに。このタイミングで無痛分娩の注射を打ってもらった。

さて注射が効き始めたこともあり、いよいよ待ちに待った出産かと思いきや、なんと出産間近の、この段階で「なんだか眠くなってきてね。思わずウトウトしちゃいましたよ」というから恐るべし無痛分娩の注射の効き目！

自然分娩なら、とてもじゃないが激痛で眠るどころの場面じゃないだろう。まさに痛さもクライマックスで、ほとんど気絶または絶叫寸前の状況である。

ちなみに『無痛』分娩とはいえ、人によっては痛みを感じる場合もあり、赤ちゃんが出てくる瞬間は、やはりはっきりと分かるそうだ。

アメリカでは、出産に問題がなければ四八時間以内に退院するのが一般的だ。無痛分娩のメリットである痛みの軽減により、母体の体力や精神的消耗を押さえることができる。その結果、産後の回復もスムーズになり子育てにも、すぐに対応できるからだといわれている。ただし帝王切開やICU、その他、産後の体調の戻り具合によっては三日以上の入院も当然あり得る。

産後は三ヶ月目から少しずつ職場に復帰

産後は三ヶ月目から、まずは週二日のペースで仕事を再開し、五ヶ月目で完全に職場復帰したマキさん。初の子育てと仕事の両立は、さぞ大変だったのではと思っていたら意外にも、夫、ボビーさんが協力的で助かったという。

実は腕利きのシェフでもあるボビーさん。妻が忙しい時には代わりに料理をこなし、家族全員パパの料理の大ファンなんだとか。子育てしながらの共働きはママの負担が大きくなりそうなものだが、マキさん夫婦は共に家事や育児を手伝いながら、非常に上手く夫婦間のバランスを保っている気がした。

アメリカ　その②
ユミさん編
出産の四年前に子宮筋腫でオペその影響により帝王切開で男の子を出産
ユミさん 一家
パパ：クリスさん（アメリカ国籍）
ママ：ユミさん
長男：ジュンくん（2008年アメリカ生まれ）
3238g／帝王切開／ママの年齢は39歳
出産した病院：サンフランシスコ市内の総合病院
保険会社：ダンナさんの雇用保険の扶養家族
なれそめ
二人が出会ったのは、当時ユミさんがバイトをしていたサンフランシスコのラーメン屋さん。常連客だったクリスさんと話をするうちに意気投合したそう。
愛息子ジュンは元気いっぱいの
ワンパク坊主です
アメリカでは出産直後の男児に割礼をするって知ってました？
ちなみに割礼について調べてみると…
ユダヤ教やイスラム教では信仰の一環として行われていたそう
ユダヤ教の『創世記』によると男子は生後八日目に割礼をしなければならず
またイスラム教では割礼後になんと祝宴が催されていたとか
…というワケでなにやら宗教的な匂いがプンプンしてきた
イエス・キリストも割礼を受けていたことからイエスの誕生日の一二月二五日から八日目の一月一日はキリストの割礼日なんですって
ぷーん
ホントだなんか匂うぞ
ラーメン一丁あがり
という小難しいことはぜーんぶ置いといてアメリカでは
とりあえず割礼しときましょか？
男の子ですし…
などとごくフツーにドクターから聞かれる場合があるのだそう
ボクも産まれてすぐに割礼されちゃいましたよ
夫クリス氏
ギリシャ系アメリカ人
優しい目がステキなイケメン

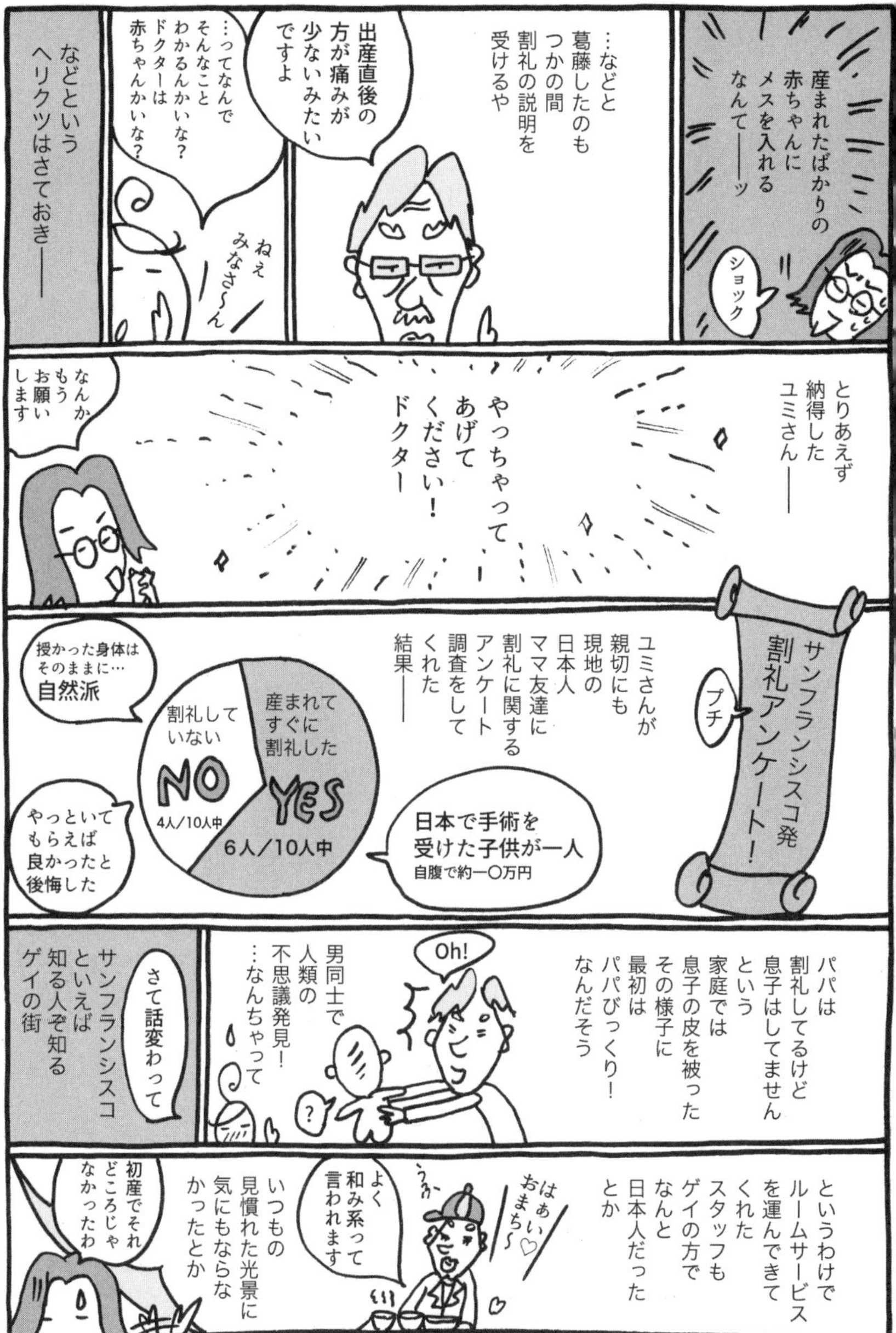
産まれたばかりの赤ちゃんにメスを入れるなんて――ッ
ショック
…などと葛藤したのもつかの間割礼の説明を受けるや
出産直後の方が痛みが少ないみたいですよ
ねぇみなさ～ん
…ってなんでそんなことわかるんかいな？ドクターは赤ちゃんかいな？
などというヘリクツはさておき――
とりあえず納得したユミさん――
やっちゃってあげてください！ドクター
なんかもうお願いします
サンフランシスコ発割礼アンケート！
プチ
ユミさんが親切にも現地の日本人ママ友達に割礼に関するアンケート調査をしてくれた結果――
産まれてすぐに割礼した
YES
6人／10人中
割礼していない
NO
4人／10人中
授かった身体はそのままに…自然派
やっといてもらえば良かったと後悔した
日本で手術を受けた子供が一人
自腹で約一〇万円
パパは割礼してるけど息子はしてませんという家庭では息子の皮を被ったその様子に最初はパパびっくり！なんだそう
Oh!
男同士で人類の不思議発見！…なんちゃって
?
さて話変わって
サンフランシスコといえば知る人ぞ知るゲイの街
というわけでルームサービスを運んできてくれたスタッフもゲイの方でなんと日本人だったとか
はぁいおまち～♡
よく和み系って言われます
いつもの見慣れた光景に気にもならなかったとか
初産でそれどころじゃなかったわ

帝王切開の入院二日目で「今日、退院します？」ってスパルタ過ぎます

祝★出産　子宮筋腫の影響で帝王切開に

天真爛漫で豪快な姉御肌のユミさん。出産は最初から帝王切開を予定、それには四年前の子宮筋腫の手術が関係している。

術後は大事には至らなかったが、通常よりも子宮の壁が薄くなってしまい、自然分娩には耐えられないだろう、とドクターの判断が下ったのだ。

この時の帝王切開の総額は約三万ドル（約三〇〇万円）、そのうちの自己負担額は一〇％にあたる、約三〇〇〇ドル（約三〇万円）で、この自己負担金額に関しては利子無しの分割で支払う方法もある。

海外での出産、しかも帝王切開に加えアラフォー、つまり高齢出産。「でも、

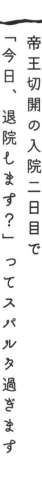

これが最初で最後の出産だと確信してたから、絶対に諦めたくなかったの」とユミさん。日本への里帰り出産は考えなかったという。

「日本にいる両親も高齢だから面倒をかけたくなかったし。でも、なんといっても妊婦で飛行機に乗る勇気はなかったな。万が一の事が起きたら、一生、自分を責めてしまうのはわかりきっていることだから」

女にとって、まさに出産とは命がけであり、元気に産まれてきてくれたジュンくんを初めて目にした時の感動は、言葉では言い表せなかったという。

さて帝王切開による出産も無事終わり、ホッと一安心の病院での二日目、早くも医師により腹部のステイプルが抜鈎《ばっこう》（針を外すこと）された。

ちなみにステイプルとは医療用のホッチキスのこと。手術直後は、文字通り、切開した腹部をバッチンと医療用ホッチキスで止められた状態だったという。想像するだけでも痛いというか怖いが、このホッチキスを外した後の医師の言葉がもっと怖い。

「今日にでも退院できますけど、どうします？」って、いやいや、昨日の今日である。いくらなんでも早過ぎるだろう。キレイに抜鉤《ばっこう》してもらったとはいえ、こっちは腹部を一五センチも切られているのだ。針を外したからって、翌日に「はい、じゃあ帰ります。さようなら」とは、怖くてとても言えないだろう。

万が一のことが脳裏をよぎり、もう少しいさせて欲しいと頼んでみたところ、「切開口がパックリ開くことはないから大丈夫ですよ。でも心配でしたら、今日の退院は見送りましょうか」と、医師から滞在許可が降りたという。

コレ、取材していて毎回思うのだが、退院させるの早過ぎないかい？　アメリカの産院よ。無痛分娩ならまだしも、今回は帝王切開である。確かに昨日の今日で一五センチもの切開口が、くっついてしまうという医療技術の進歩はスゴイ。だが、しかし……。

ところがである。調べてみると帝王切開で抜鉤《ばっこう》し、その後四八時間で退院させるのは、アメリカではごくごく、当たり前だということが判明した。

恐るべしアメリカンな合理主義っぷりである。

退院前日の夜、個室のテーブルに、ワインとステーキという豪華なディナーが用意されていた。これから長い授乳期間が待っているのに、そんなママに酒飲ましてええんかい、と普通なら大目玉を食らうところだが、あろうことか病院からの温かい『お・も・て・な・し』である。かる〜く一杯程度のお酒なら、実はそんなに目くじらを立てることもないらしい。

「全く予想もしてなかったサプライズディナーで、ステキな計らいに見えたけど、裏を返せば『当分の間、レストランにも行けないんだから、覚悟してね』というメッセージを受け取った気分だったわ」

と、当時を振り返り、苦笑いするユミさん。確かに『これから頑張れ！』的メッセージが込められているような気がしないでもない。

ファミリーリーブで育休中のパパ。オムツ替え五〇〇〇回目指して頑張る

さて奥さんが帝王切開になると知り、早速六週間ものファミリーリーブを会社に申請した、ダンナのクリスさん。ちなみにこのファミリーリーブとは、主に家族間で問題が起きた時に合法で会社を休める制度のことである。

「『授乳以外は全て自分がしないといけない』と腹を括ったみたい。ジュンのお風呂もオムツ替えも散歩も買い物も、できることはなんでもやってくれたわ。しかも、どこで聞いてきたのか『オムツが取れるまでには平均五〇〇〇回、オムツ替えをしなけりゃならない』と一人で思い込んでいたらしく、せっせとオムツを替えてくれて。おかげでオムツ代がめちゃくちゃ高くついたわ」

と、妻のユミさんも驚きの頑張りを見せていたという。

そんなクリスさん、日本の小学校入学式を見学し、衝撃を受けていたそう。

「校長先生の説法なんかをじっと黙って聞いている日本の子供達はスバラシイって。アメリカの公立校は、やっぱり各学校で色々とレベルに差があるようで子供の学校のために引っ越すなんて、もはや当たり前。特にサンフランシスコ市内の学校は激戦区だから、なかなか良い学校に入学できないみたい。学校の善し悪しの差は、サンフランシスコ郊外よりもサンフランシスコ市内の方が大きいらしく、噂を聞いてシリコンバレーへ下る家族も多いのよ」

シリコンバレーは世界のコンピューター産業の中心部一帯のことであり、名門スタンフォード大学などもあるエリアだ。

その後、ジュンくんはすくすくと元気に成長し、地元の日系プリスクールへ入学した。園児の数が全部で約二〇人と規模は小さいが、その分、先生達の目が行き届いていて良かったのでは、とユミさんは当時を振り返る。

「三〜四歳組と四〜五歳組があり、朝九時〜十一時までの滞在。うちは週三日間通わせていたの。月・水・金曜組と火・木曜組に分かれていて、値段は週三日間で一ヶ月三三〇ドル（約三万三〇〇〇円）、週二日間だと約二五〇ドル（約二万五〇〇〇円）。息子がここに通い出して、改めて日本人の多さに驚いたわ。かれこれ二〇年近く、こっちで暮らしてるけど、今まで知らなかった」

人種のるつぼのサンフランシスコには日本人も多い。日本食屋や日本のスーパーマーケット、日本人ママ友を中心に結成される『バンビ』というコミュニティまである。現地の出産や子育てなどで迷ったり戸惑ったりした時には、こういったママ友の輪に入っておくと、かなり助かるのではないだろうか。

アメリカ　その③
ヒロミさん編
三年三ヶ月の在米中に二度の出産をしたヒロミさん
ヒロミさん一家
パパ：コウさん（日本国籍）
ママ：ヒロミさん
長女：ユウちゃん（2001年アメリカ生まれ）
・約3000〜3150g・無痛分娩・ママの年齢は34歳
長男：カズくん（2003年アメリカ生まれ）
・約3000〜3150g・無痛分娩・ママの年齢は36六歳
出産した病院：サンフランシスコ市内の総合病院
保険会社：無保険（第1子）、現地の一般的な保険（第2子）
なれそめ
ご主人の海外赴任に伴い会社を一時休職し、渡米。現地で1男1女を授かる。帰国後は同じ職場に復帰し現在に至る
最初の出産でいきなり保険が効かなくなり
めちゃくちゃ焦りました
春うららかな二〇〇一年四月ご主人の転勤でサンフランシスコへと飛び立ったヒロミさん
なんとッ！
その時思いもよらない出来事が…
うそーん
ちょうどヒロミさん達が渡米した四月頃から保険に関する法律が変わったらしく…
妊娠中の渡米にも関わらず海外での出産に関しては保険適用外になってしまったんです
がーーん
同僚の中には海外転勤中に出産した人も数名いまして聞くところによると出産費用は会社の保険でカバーされたということだったので気にも留めませんでした
うぅ…
タッチの差でアウト
なんとまあ…
あぁ無情…
自腹で帝王切開にでもなろうもんなら数百万円はかかるかも…などと聞き本気で日本に帰って産もうかと悩んだそう
うーん困った…
でも帰国するにはもうギリギリの時期だし…
帝王切開になると決まったワケじゃなし…
どうしようかと頭を抱えていた矢先のこと——
幸運にも腕の良いドクターを紹介してもらえたこともありアメリカでの出産を決意しました
勇気を出してドクターにお任せすることに
ほっ
よかった〜

※アメリカ、日本、カナダ、ドイツ、フランス、イギリス、イタリア

エコー検診は基本二〜三回。聞きそびれるなかれ、我が子の性別

祝★出産　言わないと捨てられるヘソの緒。欲しい場合は事前に伝えて

さてマンガでもお伝えしたように、アメリカでのヒロミさんの妊娠生活は何かとヒヤヒヤなスタートだった。しかしその後、幸いにも腕利きのドクターに巡り会えたという。チャイニーズ・アメリカンのドクター・ワンである。

早速ドクターの元を訪ねたヒロミさん夫妻への一言「たとえ帝王切開になったとしても大丈夫。わたしに任せてください！」の言葉を聞き、覚悟を決めることができたというから、やれやれホッと一安心である。さらには、「ドクターのオフィスがうちから近かったんですよ。通うのにも便利ですし、これも大きな決め手になりましたね。うちは主人の方が英語を話せますし、

ほぼ毎回、付き添ってもらっていました。とはいえ、病院での単語は馴染みがないのか、主人も理解するのに少々手間取っていたようですけど」

海外出産なら誰もが経験する、セカンドランゲージでの専門用語の壁である。壁はエベレスト級であり、ある程度の単語の予備知識と覚悟が必要だ。

日米の検診の違いについて伺ってみたところ、

「エコー検診の回数の違いでしょうか。日本では、まだ性別が分からなかったので、アメリカで聞こうと楽しみにしてたんです。ところがアメリカでは一度しかエコー検診がなかったのかな。聞きそびれてしまって、結局、最後まで性別は分からずじまい。産まれてから女の子だったと知りました。二人目の時には、数少ない貴重なエコー診断で『男の子だ』とちゃんと聞きました。今回はゼッタイ聞き逃すまいと思っていましたからね」

何人かに取材をすると、どうやらアメリカでのエコー検診の回数は二〜三回程度と分かった。異常が見つかれば、もちろんエコー検診の回数も増えるが保険でカバーできる範囲が二〜三回という恐れもある。日本では頻繁にエコー検診があり、それを楽しみにしている妊婦さんも多いと聞くから、ここは盲点だろう。その他の注意点として、ヒロミさんからのアドバイスは、

「ヘソの緒に対する認識の違いでしょうか。アメリカではすぐに捨ててしまうようなので、欲しい場合は事前に伝えておかないと」

なるほど、たしかにヘソの緒を大切に桐の箱に入れて取っておくのは、日本人ならではの文化なのかもしれない。さらには、

「日本を経つ前に歯の治療も忘れずに。アメリカでは保険適用外なので」

妊娠中は歯や歯茎が脆くなるという。韓国でも「産後のハミガキはしばらく禁止！」は一般常識のようである。保険の話が出たついでに、こんなアドバイスも……。

「アメリカは、法律が変わるとそれにともなって、保険内容が見直されることがあります。なので渡米前に、必ずご確認を！」

ご自身が経験した、ヒヤヒヤな出産がまさにそれ。せっかく備えてきた保険も使えなければ意味がないので、しっかりチェックしておきたいところだ。

最後にアメリカでの子育てにおいて注意したいことの一つ、シュガーハイについて。スイーツ王国のアメリカでは、甘い飲み物などは避け、ミルクやミネラルウォーターを主に飲ませるようにしていたそう。

「うちの子供達はアメリカの食材でアレルギーなどは出ず、基本的には食べ物の問題はなかったのですが、気を付けていたのは子供のシュガーハイ。ところが日本では至る所に自動販売機があり、子供でも自由に甘い飲み物を買えてしまいますよね。改めて日本の子供は砂糖を摂り過ぎているなぁと」

日本でもっと普及してほしい。モンテッソーリ教育法

さて、アメリカで元気な産声をあげた長女のユウちゃん。数年が経ち、地元のプリスクールに通い始めた。

「親日家のアメリカ人のお友達から『とっても良いわよ』と薦められて、エマリービルにあるモンテッソーリの幼稚園に通わせることにしたんです」

エマリービルとは名門ＵＣバークレー校で知られる学生街、バークレー近郊の街である。

「メインは英語でしたが、他に日本語と中国語の先生もいて、それぞれの言葉で子供達に接していました。生徒の割合はアメリカ人、ヨーロッパ系、オリエンタル系がそれぞれ三分の一ぐらいだったかな。当時の日本円のレートが一ドル一五〇円でしたから、ひと月のお月謝はだいたい一五万円前後。米ドルで一〇〇〇ドルぐらい。今考えると、ちょっとお高めでしたね」

ちょっとどころか、だいぶお高めな気もするのだが、その分カリキュラムも充実していて、とても満足のいく教育法だったとか。

そこで日本に帰国後、早速モンテッソーリの幼稚園を探したそうだが、

「首都圏エリアだと、通うにはちょっと遠くて。今でもそうだと思いますが、まだまだ日本では選択肢が少ないみたい。検討した結果、都内のインターナショナルスクールのプリスクールにしました。化学や地図の勉強をしたりと、モンテッソーリに近い、きちんとしたカリキュラムが組まれていましたので」

イタリアで発祥した、この教育法はその独自の理念が共感を呼び、アメリカでも何度かブームを起こし、その都度、数を増やしていったという。今では約三〇〇〇ヵ所近くもの機関で、この教育法を実践している。

また日本語での授業もあり、現地の日本人にも人気なんだとか。

帰国後、弟のカズくんもユウちゃんと同じインターナショナルスクールに通っていたこともあり、英語の発音はとてもキレイなのだそう。子供の耳には臨界点というのがあり、九歳ぐらいまでなら聞いたままを発音できると、本で読んだことがある。

しかし脳の発達に伴い、言語脳も発達するため、耳で聞いた英語を脳内で一旦カタカナに置き換えるようになるのだとか。大人の英語がカタカナ英語になりやすいのは、そのためだ。

小さい頃から浴びるように英語を聞いて育ったユウチャンとカズくんは、本人達の自覚のあるなしに関わらず、きっと脳の中で変換されることなく英語を記憶していたのだろう。実に羨ましい限りである。

アメリカ その④
ユリエさん編
予期せぬ出費でいきなり波瀾万丈の幕開けとなった四年半ものアメリカ生活でのおハナシです
同じ日本人の中でこんなにスゴイ体験した人いる？いないでしょ！
ヒクッ
ユリエさん一家
パパ：ケンさん（日本国籍）
ママ：ユリエさん
長男：ショウくん（2000年アメリカ生まれ）
3300g／自然分娩／ママの年齢は30歳
出産した病院：マリンカウンティにある総合病院
保険会社：無し
長女：リンちゃん（2007年日本生まれ）
3100g／自然分娩／ママの年齢は37歳
なれそめ
結婚後、アメリカのカレッジに留学したダンナさんと一緒に海外移住し、現地で出産
フタを開けてみたら海外出産で使える保険が一つもなかったなんて…
信じられん…
ショック過ぎる…
というワケで低所得の方達が利用する公的検診センターに通うハメになってしまったユリエさん
なんとプレママスクールまで貧困にあえぐママ達と一緒…
なんかめっちゃ居づらいわ～
なぜこんなことになってしまったのかというと…
永住権や市民権もないし使える保険もなし…夫婦揃ってアメリカで留学生だったため
しょぼん…
日本の国民健康保険はそのまま払っていたので出産育児一時金の約※三〇万円はかろうじて降りたけれど出産にはザッと見積もって約一〇〇万円はかかるなどと聞いていたこともあり…
どどどどどーすんだ出産費用…
あわわわわ…
という状況のまま出産の日を迎えてしまった——
貧乏出産話はマンガの後のお・た・の・し・み♡
その後も現地でのボンビー生活はしばらく続き…
ここに並ぶのは気が引けるけどもったいないから食材はもらっとこ！
FOOD TICKET
地元のスーパーで食材と交換可能なフードチケットが大活躍！
重い…
またある時は貧困の重圧の中もの悲しい空気をまとったママ達と一緒に産後の検診に…
貧困
うちも…

ついでに出産前のプレママスクールでは
まだティーンエイジャーよ
お金ないし
シングルマザーで子供が四人
ボンビー ママ達大集合
ダンナがプータローで…
うちもよ
うちも
涙×涙の人生相談大会に…あぁ切ない
なんだか
どよ〜ん
この状況の中アメリカに来たばかりのユリエさんは——
とりあえず全ての事が目新しくて新鮮でした
保険もお金もなく大変でしたが渡米したてでこの国にしがらみもなく当時はあんまり深刻に捉えていなかったそう
もう学生気分のノリと延長で楽しんでましたから
永住するつもりもないししょせん今だけのこと…
旅の恥はかき捨てとか言いますし
なんとも見事なサバイバーっぷりを発揮していた
人生の荒波サバイバーユリエさんのアドバイス
ベビー用品は現地で調達すべし
品数もかなり豊富で日本よりも安いそうです
車の座席からそのままベビーカーに乗せられるベビー用シートなど掘り出し物がいっぱい
似たような商品は日本にもあるけれど高いし使用期間も短いのでもったいない——
便利なモノを結構見つけましたよ
ただし外国製の産着は賛否両論!
ちょっと待った
日本製の産着
・紐で縛るタイプ
・前がボタンになっているタイプ
などが多い…
首がまだ座っていない赤ちゃんでもわりと着せやすい
VS
首がまだ座っていない赤ちゃんには少々着せづらいという意見もチラホラ…
外国製の産着
・頭から被せるタイプ
・上下別々のタイプ
などが多い…

さあ大変！ 大枚叩いての自腹出産。
しかも息子は集中治療室へ

祝★出産 逆子はヘビイメタルで治す？

アメリカでの出産は、赤ちゃんが集中治療室に入ってしまったため、総額およそ二五〇万円もかかったという。とはいえ現金で、それだけの大金を用意できたユリエさん達である。そもそも低所得者の皆さんとは無縁だった。

渡米半年前には、それまで勤めていた会社を辞め、テニスクラブに入会し、優雅な生活を満喫していたぐらいである。一足先に渡米したダンナさんの生活が落ち着いた頃に、ユリエさんも移住する予定だった。

当時、ダンナさんはF‐1ビザ（学生ビザ）を持つ留学生で、ユリエさんは彼の配偶者ということで、F‐2ビザを申請していた。

渡米後、ユリエさんは現地の語学学校に通うことにした。そんな夫婦揃って学生という状況の中、子供を授かり、改めて保険を確認したところ、

「なんとフタを開けてみたら、出産費用をカバーする保険に加入していなかったんですよ」

という、オーマイガッドな展開が待ち受けていた。

その後の展開はマンガのとおり。悲しいかな、貧困にあえぐママ達と一緒に産前産後の検診やプレママスクールに通うことになってしまった。

ちなみに検診を受けたのは、カリフォルニア州マリンカウンティのサンラファエルにある公的なセンターだった。当時はまだアジア系の住民が少なく、日本人スタッフはいなかった。

「妊婦含め、アジア人はわたし一人。だけど結構親切にしてもらいました」

月一検診の診察代は一回約一〇〇ドル（約一万円）。二〇回ぐらい検診を受けたが、その都度支払うのではなく、最後にまとめて約二〇〇〇ドル（約二〇万円）を支払ったとか。

「なんと逆子治しの治療代まで発生してしまって。まさにアイタタでしたよ」

ドクターのマッサージによる計二回の逆子治しは一〇〇〇ドル（約一〇万円）ほどかかった。ちなみにこの逆子治しの件で、センターの受付係の白人のおばちゃんから、何やらとっても不思議なアドバイスをいただいた。

「ベビーの頭の近くにラジカセを置いて、ヘビメタを鳴らすのよ。そのうち、お腹のベビーがうるさがって回転し始めるから」

眉唾以外の何ものでもない情報だが、少しでも自腹を減らしたいユリエさん。早速、自宅に帰って実践したらしい。が、やっぱりお腹の赤ちゃんは全く回転せず……。結局、逆子はドクターのハンドマッサージで治してもらった。

しかしながら逆子体操ならぬ、外部からの大音響で回転させようなどとは、なんとも大胆な発想だと思う。考えてみれば胎教用のＣＤなんかも売られているわけで、赤ちゃんだってお腹の中にいながら、実はヘビーメタルとヒーリングミュージックの違いぐらいは聞き分けているのかもしれない。

ショック！　産まれた息子がICU（集中治療室）へ

　出産はマリンカウンティのジェネラルホスピタル、いわゆる総合病院。

「なぜか分娩室はびっくりするような、だだっ広い部屋でした。日本の小学校の教室くらいの広さはあったような気がします。そこにわたしが横たわる分娩用のベッドがポツンと一つ置いてあって……」

　ナゾとしか言いようのない大部屋の片隅で、ダンナさんとお母様、知人などが見守る中、無事に男の子を出産。病院に到着後、三時間弱というスピード出産だった。シリアルやクラッカーなどのスナック類がたくさん置いてあり「産後、食べ放題だったので、ちゃっかり頂いてきました」

　というワケでお産も無事に終了し、あぁ良かった良かった。いや、良くない。食べ放題のお菓子はさておき、この時、生まれたショウくんが、なんとICUに入れられてしまったというから、さあ大変！

「少し黄疸が出たのと、呼吸がなんとなく速かったようで……」

結局、ショウくんは三日間、ＩＣＵのお世話になり、ユリエさんも一緒に入院し、三泊四日の後、無事退院の許可が降りた。その後、ショウくんは何事もなかったかのようにスクスクと成長し、今も元気に走り回っている。

「アメリカでは珍しい、自然分娩でした。無保険の貧乏出産でしたから、少しでも安い自然分娩でってことだったのかな。でもスゴく痛い注射を一本打たれました。正直、出産自体よりもその注射の方がよっぽど痛かったんですよ」

医者でもないわたしが勝手に推測するのもなんだが、『無保険だから自然分娩で』というよりは、病院に到着後、三時間弱というスピード出産だったから、ただ単に注射が間に合わなかっただけなんじゃないかという気がする。

無痛分娩の注射が効力を発揮するためには最低、出産の二時間前（または子宮口が四～五センチほど、開いたタイミング）までには打たなければならないらしい。であるならば病院に到着し、手続き等を済ませ、分娩台に乗り、消毒し、場合によっては点滴なんぞも打たれ、さて局所痲酔の注射でも打ちましょうかねと、ここで二時間を切ってしまったのではないか。

ちなみに日本で二人目を出産した時は二〇分（！）という超高速出産だったというから、これまた驚きである。この二人目の出産に関しては「三回ぐらいしかイキんでないんですよ」というからスゴイ！

波乱含みで始まった渡米生活だったが四年半後にはピリオドを打ち、無事に帰国した。今となっては楽しい時代だった、とユリエさんは当時を振り返る。

「貧乏出産で皆さん大変そうでしたが、センターに来ていたママ達にはちゃんと愛がありました。お金がなくても子供をきちんと育てたいから、検診にも来るし、プレママスクールにも出席するんです。その人達をサポートするドクター達にも愛があった。わたしのような英語の話せない相手に親切で丁寧な応対をしてくれたし。正直、本当に感謝してるんです」

出産以外にも多くを学ばせてもらえた、貴重な体験だったそうだが「もう一回やれって言われたら？　絶対にお断りですよ。ははは」とおおらかに笑う。

このおおらかさがあればこそ、海外でのボンビー生活を豪快にサバイブできたのであろう。

アメリカ　その⑤
マリコさん編
日本でライターとして活躍し渡米後フォトジャーナリストとして主にアメリカの建築に関する取材を続けるマリコさん
在米期間は四年半
その間に二度出産しました
自然分娩と無痛分娩の両方を体験
マリコさん一家
パパ：シンさん（日本国籍）
ママ：マリコさん
長女：ユキちゃん（2000年アメリカ生まれ）
3040g／自然分娩／ママの年齢は35歳
長男：テツくん（2003年アメリカ生まれ）
3200g／無痛分娩／ママの年齢は38歳
出産した病院：サンフランシスコ市内の総合病院
保険会社：自身が通っていた語学学校の保険（第1子）
アメリカの一般的な保険（第2子）
あまり英語が得意ではないこともあり実は不安だらけの出産だったそう…
アメリカに来てわりとすぐの妊娠だったので
初産だったし…
まだママ友もあんまりいなかったから情報不足というのもあり不安でしたね
英語かぁ…専門用語が飛び交ってて難しそう…
というあなたのために即席英会話講座です
なぜか
産婦人科で「デリバリー」とドクターに言われふとピザの宅配などを思い浮かべていてはいけませんよ
Delivery
デリバリーだから
宅配
なワケない
いいですかみなさん
この場合は『出産』を意味します
テストに出ますよ
Q1
では以下の意味はなんでしょう？
Are you expecting?
じゃぁコレ分かる人！
expect
＝
期待する
とゆうワケで直訳してしまったそこのあなた
ブブー
残念ながらハズレです
正解は「あなた妊娠しているのね」「お腹に赤ちゃんがいるのね」
返答はイエスかノーです
さらにもういっちょ…

答え：出産予定日はいつですか？

自腹かと覚悟していたら、あわやセーフのミラクル学生保険

祝★出産

出産を目前に控え、ドクターの一言に唖然「歯医者の予約が……」

さて、そんなこんなで自然分娩になったお産は一〇時間以上もかかった。それまでマリコさんを見守り励まし、共に汗水垂らして頑張ってくれていた担当医を仮にドクター・ウッズとしよう。

午前八時を過ぎた頃、急にソワソワし始めたドクター・ウッズ。実はこの人、サンフランシスコ市内の産婦人科の名医トップテンに名を連ねたこともある優秀な方なのだが、マリコさんが思わず激痛を忘れて「なぜだ?」と首を傾げたくなることを言い出した。

「実は歯医者の予約がね……」

「は？」

「なかなか予約の取れない歯医者の予約が入っていてね。そろそろ時間なんですよ、こんなタイミングで申し訳ないんだけど」

キョトンとする夫妻を尻目に看護師が、すかさずドクターをフォローする。

「まあ、予約困難だなんて！　そりゃ、キャンセルするワケにはいかないわね」

「……マリコさん、ごめんね。これからはドクター・ブラウンが来てくれるから。あともう少しの辛抱だから。それじゃあ、がんばって！」

要するにドクターのシフトチェンジということらしい。それにしても、

(ここまで一緒に頑張ってくれてたわりには、なんだかなあ……)

と、出産の痛みに、なぜかちょっと哀愁を帯びた気分も入り混じり、なにやら複雑な気持ちのまま、シフトチェンジ後、およそ三〇分……。

ようやく第一子が無事誕生した。午前八時半頃のことである。

(ここまで一緒に頑張ってくれたんだから、せめてあと三〇分ぐらい、一緒にいてくれても良かったのに)とマリコさんは切なく思ったが、この合理主義

な感じがいかにもアメリカなのであり、「たぶんドクター・ウッズは午前七時を過ぎた頃から、頭の中は歯医者の予約で一杯だったに違いないわ」と、マリコさんは冷静に分析する。全くもって同感である。

奇跡を起こした学生保険

無事、出産を終えたマリコさんであったが、ここへ至るまでに、とんでもないミラクルが起こった。妊娠した直後、調べてみたら妊娠&出産をカバーする保険に入っていなかったことが判明。妊娠してからでは、これらの保険には加入できず、オーマイガッドな状況に。

「ああ、こりゃ自腹だな……」

と覚悟を決めた矢先、とりあえず英語を習わなきゃと思ったというマリコさん。語学学校へ行こうと思い立ったという。

確かに出産ともなれば専門用語が飛び交う未知なる世界、少しでも英会話力を身につけておくことは自分自身への安心にも繋がる。院内に日本語の分かるスタッフがいないとくれば、尚更だ。そんな語学学校でミラクルは起きた。

何気なく聞いていた事務員との会話の中に、語学学校に入学すると、もれなく付いてくる学生保険についての説明があった。「ちなみに妊娠&出産もフルカバーされますからね」と、さりげなく説明する事務員のお姉さん。

「え？　今、何て言ったの？」

まさに天の恵み。めでたく妊娠&出産費用の全てを語学学校の保険でカバーしてもらえることになったのである。もちろん妊娠後の加入でもオーケーという、なんともラッキーな保険であり、条件としては「とにかく一生懸命、真面目に語学学校に通うこと」だったので、身重で、大きなお腹の臨月でもなんでも「とにかく学校だけは真面目に通ったわ」と苦笑いするマリコさん。

通常の出産だと、自腹でだいたい一〇〇万円以上はかかるといわれている（帝王切開やICUなどは除く）。それが一気に保険でチャラになるわけだから、

「そりゃもう、誰よりも真面目に通いましたよ！」

ちなみに全ての語学学校の保険で出産費用がカバーされるわけではないので、あしからず。まずは学生保険や加入済みの各種保険を調べてみよう。

森の中の一軒家風幼稚園

さて、時は経ち、長女のユキちゃんはスクスクと元気に成長し、現地のプリスクールに入学した。夫婦が選んだのは、森の中の一軒家風幼稚園。見渡す限り森林という環境に建ち、課外授業などのカリキュラムが充実していた。ブルーベリーやブラックベリーなどの畑では、先生と園児達が一緒になって収穫を楽しむことができ、粘土遊びにいたっては、まず始めに粘土から作るという徹底したオーガニックぶりだった。

ちなみに「これが粘土の材料ですよ」とマリコさんに手渡されたレシピの素材項目には、小麦粉とオリーブオイルと顔料……などと書かれてあり、「『ほとんど料理のレシピじゃん』と、思わずツッコミたくなりましたね」

子供のタイプによって午前と午後の二クラスがあり、朝から元気な子は午前クラス、おっとり型の子は午後クラスという、アバウトな振り分け方だった。ランチタイムでは、先生が絵本や紙芝居を読んでくれる中、子供達は「それぞれ好きな場所でランチを食べてもいいよ」と言われていたとか。

「みなさん、お昼ご飯の時間ですよ。手を洗って、ちゃんと席についてね」と、言われて育ってきた我々日本人にとって、その自由さ加減はある意味カルチャーショックだが、「子育てはもっと自由にリラックスしてやればいいんですよ」という幼稚園の雰囲気が伝わってくる。

異国の地でのプリスクール通いだったが、すっかり肩の力を抜いて楽しめたようだ。

娘さんのプリスクール通いは、英語が苦手なマリコさんにとって、外国人ママ達とコミュニケーションを取るきっかけとなった。

そして、海外の文化に溶け込む貴重な体験となったそうです。

アメリカ その⑥
ミユキさん編
ハワイ州と ミネソタ州の 二州にまたがり 体外受精をした ミユキさん
州によって体外受精の自己負担額のケタが一つ違うんですよ
ミネソタ州で娘を授かりました
ミユキさん一家
パパ：ジェームズさん（アメリカ国籍）
ママ：ミユキさん
長女：ニーナちゃん（2006年アメリカ生まれ）
2892g／無痛分娩／ママの年齢は34歳
出産した病院：ミネソタ州ミネアポリス近郊の総合病院
保険会社：自身で加入していたアメリカの生命保険
なれそめ
日本語教師としてアイオア州で働いていた頃、ジェームズさんと出会い、結婚。ハワイ→ミネソタへと移り住む
二〇〇五年当時 ハワイで 不妊治療を してました そして 同じ年に ミネソタ州 へと移住
アメリカは州によって法律が違うけど まさか不妊治療がカバーされる州とされない州があるなんて…
なんとッ 保険でカバーされる内容も州によって違うんですって
ハワイでは 保険でカバー されていた 体外受精費用が な――んとッ 引越し先の ミネソタ州 ではカバー されない
ミネソタ州
ニューヨーク
ロサンジェルス
ハワイ
同じ保険会社を使った 同じ体外受精なのに――
ハワイでは 保険が効くから 約二〇〇〇ドル （約二〇万円）
ところがどっこい
ミネソタ州では 保険が効かず 全額自己負担の ※二〇〇〇〇ドル （約二〇〇万円）
まさに盲点…
※二〇〇六年当時
州が違うというだけで ゼロの数が一ケタ違う という衝撃の事実が判明
あぶなかった…
ホッ
そんなワケで ダンナさんは 一足先に ミネソタ州へ 引越し 精子だけは ハワイに 置いてって もらうことに
体外受精が 終わったら 追いかける わね～
バイバイ
ミネソタ行き
ハワイでの体外受精は 見事成功し この後ミネソタ州で 女の子を 出産しました

さて ハワイで授かった 天使のような女の子は ニーナちゃんと 名付けられ ミネアポリス でスクスク と大きく なりました
学校 大好き♡
ミネアポリスには 日本語補習校が二校 あるそうで
楽な方に 通わせて ます
日本語補習校の 授業は 毎週土曜の 午前九時〜 正午までの 三時間で 各学年 一クラス ずつ
んがー
ZZZ…
漢字が ムズカシイ
もちろん 補習校 では 全て 日本語
はーい
分かる人 手あげて〜
一週間分の授業を 一日に詰め込むので ちょっと大変そう…
日本人の 友達に 会えるから 楽しい!
大変とはいえ ミネアポリスには 日系プリスクールが ないので 日本語を学べる 場所はココだけ なんですよ
日本語は 難しいから 早期教育が 重要 ですよね…
日本の おじいちゃん おばあちゃん とも楽しく おしゃべり して欲しい ですしね
いいコ だね〜
キャッ キャッ
キャッ キャッ
ホントに かわいい こと
アメリカで見かける パニッシュメント（お仕置き）
かる〜い
『タイムアウト』って ご存知でしょうか? 現地のママ友の間では わりとよく使う パニッシュメント らしいのですが
五分〜一〇分間 子供を部屋の隅に立たせておくこと
一見大した ことでは ないですが 子供にしてみたら 自由を制限される のでツライ…
もう しません
しばらく そこでタイム アウト!
日本でもアメリカでも反省させる時は
しばらく そこに立ってなさい!
って叱るんですね…
やっぱり

体外受精の自己負担額が一ケタ変わる！

祝★出産　出産時、日本人の通訳さんを付けてもらえてラッキーでした

しょっぱなから、いきなり体外受精費用の自己負担額の差にビックリ仰天した出産だったが、この時、加入していた保険はブルークロスだった。

ミユキさんが自身で加入していた保険である。

「ブルークロスで、出産や検診費用のほとんどをカバーしてもらえたと記憶しています。最初に、保険会社にディダクション・フィーとして二〇〇〇ドル～三〇〇〇ドル（約二〇万～約三〇万円）ほど支払ってしまえば、一〇％の自己負担以外は、ほぼカバーされる仕組みでした。検診費用も支払った記憶はないですね。ハワイに住んでいた頃から、子供を持つことを前向きに考え

ていたので、あらかじめ出産などに手厚い保険をチョイスしたんです。ですから出産に関わる費用は全てパッケージとして含まれていたんだと思います。病気や怪我の際には支払い義務が発生しましたが、出産に関しては、きっちりカバーされてて助かりました。助かったといえば、ミネソタでは通訳まで付けてもらえたんですよ。ハワイで通院していた時には通訳なんていなかったし、最初は別にどっちでもいいやと思ったのですが、最終的には大助かりでした。もちろん、この通訳代も保険でのフルカバー。あと退院後に一度だけ、ナースが、わざわざ家まで回診に来てくれました。初めての出産ですし、こういうのって意外に心強いものですね」

なるほど、日本人通訳を付けてくれた点はポイントが高い。もちろん保険内容により、同じブルークロスとはいえ、必ずしも通訳を付けてくれるとは限らないだろう。しかし不安なら一度、問い合わせてみる価値はありそうだ。

ちなみに、この時の通訳さんとは今でも仲良しなんだそう。

「もちろん彼女は英語もペラペラですが、私の出産の一年前に、なんと彼女自身もアメリカで出産していたんです。だから出産に関する専門用語や、細かい説明もバッチリで、そこがまた心強かったんですよ！」

海外出産で言葉に不安を覚える日本人の多い中、これはラッキーである。

屈強なアメフトコーチの目にも涙……

出産は何ごともなく無事に終了。かかった時間は、およそ七時間だった。

病院に到着後、無痛分娩の注射を打たれる前は死ぬほど痛くて苦しんだそうだが、注射をした途端、ケロリと痛みが引いたとか。

「なんで、もっと早くエピドュラルを打ってくれなかったんだろうって、ちょっと腹立たしかったですね。まあ子宮口が開いてなかったのかもしれないけど」

今でも憤るくらいに効果テキメンだったのはラッキーかもしれない。体質に合わず、無痛分娩の注射で吐き気をもよおす妊婦さんもいるらしい。

この時の出産にはご主人のジェームズさんも立ち会った。

「悲しいかな、ジェームズも無理矢理参加させられてしまって。とはいっても、手を握ってくれていた程度ですけど。でも血を見るのが嫌いな彼にはショッキングな光景だったらしくて大変そうでした。無事に出産を終えた時には感動したのか、普段は屈強なアメフトコーチの目にも涙って感じでした」

目鼻立ちの整ったアジアンビューティなミユキさんとは対照的な、ガタイの良いアメリカ人のジェームさん。まさに『屈強な』という言葉がよく似合う。

出産後は一泊二日で無事に退院し、初の子育てが始まった。

「出産する前にペアレントクラスを受講したのですが、退院後の子育てにも、かなり役立ちましたね」

冒頭のマンガで紹介したタイムアウトなどの叱り方もそうだが、子供の寝室に関する指導も受けたという。

「生後六ヶ月を過ぎた頃から子供は子供部屋で、一人で寝かせる習慣をつけさせた方が良いと指導され、早速うちでも試してみたんですが、これが全然ダメで……。だってクライアウトしまくっているのに放っておくのって、なんだか忍びないじゃないですか。泣き過ぎて酸欠状態でパタッとパスアウト（気絶）するみたいな感じで眠りにつかせるってのも可哀想ですし。二〇分も泣かれたら、もう放っておけなくて。ですから『この子は半分、日本人の血が流れてるし、もういいや』って結局、一緒の部屋で寝てました」

そもそも赤ちゃんのうちから寝室を分けるメリットって何だろう。

大人も子供もぐっすり眠れて、お互い楽なのか、子供の自立心を養うためなのか。利点は色々あるのだろう、欧米ではごく当たり前らしい。

『子供と川の字になって寝る』文化が根強く残る日本ではあまり聞かないが、寝室が別でも一緒でも、フツーに良い子は育つような気がする。

さて、そんなニーナちゃん、両親の旅行中にジェームズさんのお母様に預けられた時のこと。『夜になるとモンスターが来るって、ママが言ってたから怖い、怖い！』とパニクってしまったのだとか。

帰宅後、お姑さんから「あなた、ニーナにそういうことを言ったの？」と聞かれ、説明するハメに……。

「夜、娘がいつまでも起きている時に『お化けが来ちゃうよ』って寝かしつけてたんですよ。効果テキメンなので……。ですがペアレントクラスでも嘘は教えちゃいけないって指導されていましたし、この時は反省しましたね」

結局「日本のカルチャーなんですよ、てへへ」と、笑って言い逃れたというミユキさん。そこは良く出来たお姑さんで「あなたの国のカルチャーなら良いのよ」と、笑顔で日本の文化を尊重してくれたのだとか。

アメリカで子育てをしていると、こういったカルチャーの違いを感じることはよくあるそうだが、そういった違いも含め、ミユキさんはアメリカでの子育てを日々楽しんでいる様子。母娘の楽しそうな笑顔を見ればよくわかる。

別名『アメリカの冷蔵庫』と呼ばれるミネソタの冬は寒く厳しい。だが、そんな寒さも吹き飛ばすほどに明るく陽気なファミリーとの出会いだった。

おわりに

さて世界一〇ヵ国の出産&育児の物語、いかがだったでしょうか。

笑いあり、涙あり……。「えええ〜?」と思うことも多かったのではないでしょうか。

これらは、ほんの一部です。中にはもっとスゴイ体験をした人もいるでしょう。海外は未知なる世界であり、出産もまた未知のモノですから、一つ一つの出来事が、もうドキドキです。

この本に登場する日本人女性達は、そんな手探りの中、試行錯誤を繰り返し、明るくサバイブしてきた方々です。

細かいところを見ていくと、突っ込みどころ満載なのが海外ですが「まあ、それも良し。どうにかなるだろう」と、おおらかに構える気持ちが海外生活では必要不可欠です。

ただし、どうにかなるとはいえ、出産をカバーできる保険に加入しておく、邦人ドクターに関する情報収集などは、前もって確認しておくことをオススメします。フタを開けて「えらいこっちゃ！」と焦らないように……。

この本が、これから海外で出産し、新しい家族を迎える皆さんの『転ばぬ先の杖』となることを願っております。

さらに日本でこれから出産を控えていらっしゃる方々の不安が、少しでも吹き飛び、笑顔になっていただけますように。

最後に編集を担当してくださった雷鳥社の安在美佐緒さんには並々ならぬ助力をいただきました。また快く取材にご協力くださった皆様にも心より、お礼を申し上げます。皆様のお力なしに、この本は出来上がりませんでした。本当にありがとうございました。

二〇一七年一二月吉日　江藤亜由美

母乳を捨てるフランス人
ヘソの緒に無関心なアメリカ人

江藤亜由美《えとう あゆみ》

グラフィックデザイナー、イラストレーター。アメリカの美術大学卒業後、現地で就職。帰国後、広告・雑誌・書籍等のグラフィックデザイナーやイラストレーター及び編集者を経て、現在に至る。著書『波乱爆笑 留学&就職物語 そんなこんなで仕事してました イン サンフランシスコ』(主婦の友社)『CRAZY HALLOWEEN NIGHT in SAN FRANCISCO』(七草一月名義　文芸社)

2017年12月25日　初版第1刷発行

著者　江藤亜由美

発行者　柳谷行宏
発行所　雷鳥社

167-0043　東京都杉並区上荻2-4-12
tel　03-5303-9766
fax　03-5303-9567
http://www.raichosha.co.jp
info@raichosha.co.jp
郵便振替　00110-9-97086

デザイン　graphic works
マンガ　江藤亜由美
編集　安在美佐緒
編集協力　久留主茜
協力　企画のたまご屋さん

印刷・製本　シナノ印刷株式会社

ISBN978-4-8441-3734-4　C0077